U0090253

民國文化與文學研究文叢

三　編

李　怡 主編

第4冊

民國歷史文化與中國現代經典作家（上）

李怡、胡昌平 主編

國家圖書館出版品預行編目資料

民國歷史文化與中國現代經典作家（上）／李怡、胡昌平 主編
— 初版 — 新北市：花木蘭文化出版社，2014〔民 103〕
目 4+158 面；19×26 公分
（民國文化與文學研究文叢 三編；第 4 冊）
ISBN 978-986-322-776-2(上冊：精裝)
1.中國文學 2.現代文學 3.作家 4.文學評論
541.26208 103012743

民國文化與文學研究文叢
三　編　第　四　冊　ISBN：978-986-322-776-2

民國歷史文化與中國現代經典作家（上）

作　　者　李怡、胡昌平
主　　編　李　怡
企　　劃　四川大學現代中國文化與文學研究中心
民國文學與海外漢學研究中心（籌）
北京師範大學民國歷史文化與文學研究中心
總 編 輯　杜潔祥
副總編輯　楊嘉樂
編　　輯　許郁翎
出　　版　花木蘭文化出版社
社　　長　高小娟
聯絡地址　235 新北市中和區中安街七二號十三樓
電話：02-2923-1455／傳真：02-2923-1452
網　　址　http://www.huamulan.tw 信箱 hml 810518@gmail.com
印　　刷　普羅文化出版廣告事業
初　　版　2014 年 9 月
定　　價　三編 20 冊（精裝）新台幣 35,000 元

民國歷史文化與中國現代經典作家（上）

李怡、胡昌平　主編

作者簡介

李怡，1966年生於重慶，文學博士。北京師範大學文學院教授、四川大學文學與新聞學院教授。《現代中國文化與文學》學術叢刊主編，主要從事中國現代詩歌、魯迅及中國現代文藝思潮研究。出版《中國現代新詩與古典詩歌傳統》、《現代四川文學的巴蜀文化闡釋》、《大西南文化與新時期詩歌》、《閱讀現代——論魯迅與中國現代文學》、《中國現代詩歌欣賞》、《日本體驗與中國現代文學的發生》等。先後成爲教育部新世紀人才支持計劃入選、全國百篇優秀博士論文獲獎者。

胡昌平，1972年生於四川德陽，文學博士。現爲新疆塔里木大學人文學院副教授。主要從事現當代文學與新疆當代多民族文學的研究。

提　要

這是同人學術聚落「西川論壇」第三屆年會的論文集，本次年會以「民國歷史文化與中國現代經典作家」爲題，圍繞民國歷史文化中現代經典作家的精神氣質、民國歷史文化與作家的寫作實踐、民國歷史文化與經典作品、民國歷史文化與現代文學的經典性、民國歷史文化與現代文學研究等展開了探討。本書集代表了中國現代文學研究特別是「民國文學機制」研究的最新成果。同時，本書集也是「民國文化與文學學術年刊」2014年卷。

「民國熱」與民國文學研究
——第三輯引言

李　怡

經過多學界多年的倡導和努力，「民國文學」的概念在越來越大的範圍內獲得了人們的理解和接受，從民國歷史文化的角度闡述文學現象也正在成為重新定位「現代文學」的重要思路，從某種意義上看，這可以說是近年來中國文學研究的一大動向。當然，面對我們業已熟悉的一套概念、思路和批評方式，「民國文學」的價值、意義和研究方式也依然需要更多的學者共同參與，並貢獻自己的創造性思想，在更獨特更具規模的「民國文學史」問世之前，種種的疑問是不可避免的。其中之一，就是困惑於社會上越來越強烈的「民國熱」：在不無喧鬧、魚龍混雜的「民國消費」的浪潮中，所謂的「民國文學研究」又意味著什麼？它根源於何方？試圖通往何處？如何才能將流俗的迷亂與學術的理性劃分開來？

在這個意義上，釐清當前中國社會的「民國熱」與學術研究的「民國文學」思潮之相互關係，也就成了一件極有必要的事情。

作為當代大眾文化的民國熱

民國熱，這個概念的所指本身並不明確：一種思想潮流？一種社會時尚？一種消費傾向？我們只能先這樣描述，就目前一般報章雜誌的議論而言，主要還是指由媒體與出版界渲染之後，又部分轉入社會時尚追求與大眾想像的「趣味的熱潮」。

在一個相當長的時期內，「民國」這一概念通常被另外一個色彩鮮明的詞語代替：舊中國，它指涉的就是那一段早已經葬身歷史墳墓的「軍閥當道，萬馬齊喑，民不聊生」的時代，因早已結束而記憶發黃，因過於黑暗而不願詳述。而所謂的「民國熱」就是對這些固化概念的反動，重新生發出瞭解、談論這段歷史的欲望，並且還不是一般的興趣，簡直引發了全社會範圍內的廣泛而強烈的熱潮。據說，當代中國的「民國熱」要追溯到 2005 年。餘世存的《非常道》、美籍華人學者唐德剛的《袁氏當國》、張鳴的《歷史的壞脾氣》相繼出版，一反過去人們對「民國」的刻板印象，種種新鮮的歷史細節和「同情之理解」，喚起了中國人對原本早已塵封的這段「舊中國」歷史的新的興味。接下來的幾年中，陶菊隱、傅國湧、何兆武，楊天石、智效民、邵建、李輝、孫郁等「民國見證人」與「民國史學者」不斷推出各種鮮活的「民國話題」，使得我們在不斷「驚豔」的發現中似乎觸摸到了「眞實」的歷史脈搏，而且，這些關於民國往事、民國人物的敘述又不時刺激到了我們當今生活的某些負面，今昔對比，但不再是過去那種模式化的「憶苦思甜」，在不少的時候，效果可能恰恰相反，民國的細節令人欣羡，反襯出今天的某種不足，這裡顯然不無記憶者的美化性刪選，也難免闡釋者的想像與完善，但對於廣大的社會讀者而言，嚴謹考辨並不是他們的任務，只要這些講述能夠填補我們的某種欠缺，滿足他們的某些精神需要，一切就已經夠了。「民國熱」在「辛亥百年」的紀念中達到高峰，如今，在大陸中國的稍具規模的書店裏，我們都能夠看到成套、成架、成壁的民國專題圖書，圖書之外的則是更多的報刊文章、電視節目，甚至服飾的民國懷舊潮流，大陸中國的民國熱還在一定程度上波及到了海峽對岸，在臺灣的圖書與電視中，也不時晃動著「民國記憶」的身影，只是，對於一個自稱「民國進行時」所在，也會同我們一起講述「過去的民國」，多少令人覺得詫異，它本身似乎也生動地提醒我們：民國熱，主要還眞是一種大眾趣味的流變，而非知識精英的文化主題，儘管我們的知識界在其中推波助瀾。〔註 1〕

作爲當代大眾文化體現的「民國熱」是由知識分子津津樂道的「民國掌故」喚起興味的，正是借助於這些「恍如隔世」的故事，人們逐漸看到了一個與我們熟悉的生活格局迥然有別的時代和社會，以及生活於其中的個性色彩鮮明的歷史人物，出於某種可以理解的現實補償心理，人們不免在這一歷史意象中寄予了大量的想像，又逐漸將重塑的歷史意象召喚進現實，成爲某

〔註 1〕參看周爲筠：《「民國熱」之下的微言大義》，載《南方都市報》，2008 年 1 月 20 日。

種時尚趣味的符號，如在一些婚紗藝術照與大學畢業紀念照中流行「民國服飾」。應當說，作爲這一社會趣味的推動力量，一些知識分子的「關於民國」的寫作發揮了明顯的作用，但是，作爲流行的社會趣味本身的「民國熱」卻還不能是一種自覺的時代思潮，而只是知識分子的個人的某種精神訴求與社會情緒的並不嚴密的合流，一方面，知識界對這些「民國文化」的提取和發掘尚未進入系統的有序的理性層面，本身就帶有明顯的趣味化和情緒性色彩，包括目前流行甚廣的所謂「民國范兒」，這個本來是一個值得深入探討的精神現象，但是到目前爲止，依然主要流於種種極不嚴格的感性描述與文學比喻，而且據說提出者本人也還試圖放棄其概念發明權。〔註 2〕

大眾文化，不管我們今天對它的評價究竟如何，都應該看到，這是一種與通常所說的由知識分子自覺建構的並努力納入到精英文化傳統的追求所不一樣的「文化」，它更多地與人們的日常生活方式及生活趣味緊密聯繫，是指普通大眾基於日常生活的需要而生成的種種精神性追求和傾向，它與精英知識分子出於國家民族意識、歷史使命或文化獨創性目標而刻意生產的成果有所不同。當然，作爲個體的知識分子既致力於精英文化的建構，又同時置身於大眾生活的氛圍之中，所以嚴格地講，他同樣也擁有大眾文化的趣味和邏輯，受到日常生活文化的影響，也自覺不自覺地影響著以日常生活爲基礎的大眾文化。

從精英知識分子的邏輯出發，我們不難發現大眾文化的若干消極面，諸如與媒體炒作對眞正的個性的誤導甚至覆蓋，工業化生產的趣味同質化，五彩繽紛背後隱含的商業利益，對世俗時尚缺乏眞正的批判和反思，甚至對國家意識形態的某種粉飾和媾和等等，當年的法蘭克福學派就因此對資本主義的大眾文化大加鞭撻。的確，源於日常生活需要的物質性、享受性與變異性等特點使得大眾文化往往呈現出許多自我矛盾的形態，這裡就有法蘭克福學派所痛心疾首的「商品性」、「同質化」、「工業生產式的批量化」、「傀儡化」、解構主體意識等消極面，如霍克海默和阿多洛在《啓蒙辯證法》中指出的那樣：「文化工業的產品到處都被使用，甚至在娛樂消遣的狀況下，也會被靈活地消費。」〔註 3〕「文化工業反映了商品拜物教的強化、交換價值的統治和國

〔註 2〕舒非：《「民國熱」》，見 2012 年 8 月 10 日「大公網」，http://www.takungpao.com/fk/content/2012-08/10/content_913084.htm。

〔註 3〕霍克海默、阿多諾：《啓蒙辯證法》，洪佩郁、藺月峰譯，重慶：重慶出版社，1990 年版，第 118 頁。

家壟斷資本主義的優勢。它塑造了大眾的鑒賞力和偏好，由此通過反覆灌輸對於各種虛假需求的欲望而塑造了他們的幻覺。因此，它所起的作用是：排斥現實需求或眞實需求，排斥可選擇的和激進的概念或理論，排斥政治上對立的思維方式和行動方式。」〔註 4〕

所以，我們今天也不難發現大眾「民國熱」中的一些爲消費主義牽引的例證。例如今天的「民國熱」也開始透露出不少獵奇和窺隱的俗套，諸如《民國公子》、《民國黑社會》、《民國八大胡同》一類黑幕消費、狹邪消費同樣開始流行一時，走上被法蘭克福學派抨擊的文化解構、文化異化的萎靡之路。

作爲學術史演進的「民國文學研究」

上述大眾之熱，在最近一些年給人留下了深刻的印象（有人稱之爲「愈演愈烈」），所以當「民國文學研究」的呼聲出現，便自然引起了不少的聯想：這是不是「民國熱」的組成部分呢？又會不會落入獵奇窺隱的窠臼呢？

在我看來，「民國熱」與「民國文學研究」的出現，其最大的相關性可能就在時間上。拋開臺灣學界基於意識形態原因而書寫「中華民國文藝史」不算，中國大陸最早的「民國文學」設想出現在 1990 年代末（陳福康），最早的理論倡導出現在 2000 年代早期（張福貴），但形成有聲有勢的多方位研究則還是在 2000 年代後期（張中良、丁帆、湯溢澤、李怡及「西川論壇」研究群體），這一逐漸成熟的時間剛好與所謂的「民國熱」相重疊，所以難免會給令人從中尋覓關聯。不過，値得我們注意的是，在前述大眾趣味的民國熱之外，其實還有另外一條線索被我們忽略了，這就是學術界對中國近現代歷史的考察和追問方式。

20 世紀初，劍橋史書已經成爲英語世界的多卷本叢書典範，《劍橋中國史》從 1966 年開始規劃，迄今已經完成 16 卷，它對歷史的劃分很自然地採用了朝代與政治形態的變化加以命名，至我們所謂的現代與當代分別編寫了《中華民國史》與《中華人民共和國史》各兩大卷，在這裡，「民國」歷史的梳理和描述已經成爲國際學界的正常工作，絲毫不涉及流行趣味的興起問題。

在大陸中國，雖然因爲政治原因，「民國」一詞一度包含了某種政治禁

〔註 4〕斯道雷：《文化理論與通俗文化理論導讀》，楊竹山譯，南京：南京大學出版社，2001 年版，第 71 頁。

忌，需要謹愼使用，但總體來看，除了「文化大革命」這樣的極端的文化專制時期之外，對「民國史」的關注和研究一直獲得了國家層面的包容甚至支持。《中華民國史》的編修工作可以追溯到半個世紀以前，早於《劍橋中國史》的編寫計劃。1956 年，在「向科學進軍」及「百花齊放、百家爭鳴」的熱潮中，國家科學發展十二年規劃中就已經列入了「民國史」的研究計劃。1961 年是辛亥革命 50 週年紀念，作爲辛亥革命親歷者的董必武、吳玉章等人又提議開展民國史研究。1971 年全國出版工作會議期間，周恩來總理親自指示，將編纂民國史列入國家出版規劃，具體交由中國科學院哲學社會科學學部（今中國社會科學院）近代史研究所負責組織實施，由著名史學家李新先生負責統籌。由於「文革」的環境所限，編寫工作眞正開始於 1977 年，但作爲項目卻始終存在。作爲民國史研究系列之一，《民國人物傳》第一卷於 1978 年出版，1981 年，《中華民國史》第一卷上下兩冊亦由中華書局正式出版，至 2011 辛亥革命一百週年前夕，全套《中華民國史》共 36 卷全部出齊，被稱爲是中國出版界在近年來的一件大事。有趣的是，《中華民國史》第一卷在當年問世之後，遭到了臺灣學界的激烈批評，被認爲是政治色彩濃厚、評價偏頗的「官史」，當時大陸方面特意回應，辯解說我們的民國史研究不是政治行爲，是完全的學術行爲。雖然這辯解未必完全道出了我們學術制度的現實，但是從那時起，「民國史」的研究至少在形式上已經成爲學術而不是政治的一部分，卻是值得肯定的事實。到今天，史學界內部的民國史研究已經成爲中國學術重要的方向，中華民國史研究被確立爲中國社會科學院重點學科也已經十多年了；致力於「民國史」研究的自然也不只中國社會科學院一家，如南京大學、復旦大學、北京師範大學、中國人民大學等諸多學術機構都在這方面投入甚多，且頗有成就，就是一部《中華民國史》今天也不僅有中國社會科學院牽頭版，也另有南京大學版（南京大學出版社，2005 年，張憲文主編）、中國現代史學會版（四川人民出版社，2006 年）等，2000 年 9 月，南京大學中華民國史研究中心被批准爲教育部普通高等學校人文社會科學重點研究基地，多年來，他們通過編輯出版《民國研究》、承擔國家重點科研項目、連續舉辦中華民國史國際學術研討會、不斷推出大型研究叢書等方式穩健地推動著民國史的研究。

這一「民國史」的學術努力試圖突破當代「以論代史」之弊、還原歷史眞實，承襲的是實事求是的中國學術傳統，與當下社會文化的時尚毫無關係。

民國文學研究的出現和發展同樣是歷史學界實事求是追求的一種有力回應。

同整個歷史學界一樣，中國文學史研究也一度成爲「以論代史」的重災區，甚至作爲學科核心概念的「現代」一詞也首先來自於政治思想領域，與中國文學發生發展的事實本身沒有關係，以致到了1980年代，我們的文學博士還滿懷疑惑地向學科泰斗請教「何謂現代」。1990年代的「現代性」知識話語讓中國文學研究在概念上「與國際接軌」了，但同樣沒有解決「以中國術語表述中國問題」的困惑，凡此種種，好像都在一再證實「論」的重要性，於是，「以論帶史」的痕迹依舊存在。

如何回到中國歷史自己的現實，如何在充分把握這些歷史細節的基礎上梳理和說明我們文學的發展，我們需要走的路還很長很長。

「民國文學」概念的重新提出，其實就是創造了一種可能：我們能不能通過回到自己的國家歷史情態之中，就以這些歷史情態爲基礎、爲名詞來梳理文學現象——不是什麼爭議不休的「現代」，也不是過於感性的「新文學」，就是發生在「民國」這一特定歷史語境中的精神現象和藝術追求，一切與我們自己相關，一切與生存於「民國」社會的我們相關。

就是這樣，本著實事求是的治史傳統，我們可以盡可能樸素地返回歷史的現場，勘探和發掘豐富而複雜的文學現象。實事求是，這本來是當年「民國史」負責人李新先生的願望，他試圖倡導人們從最基礎的原始材料做起，清理和發現「民國」到底有哪些值得注意的史實，這樣的願望雖然在「文革」的當時並不能實現，但卻昭示了一代民國史學人的寶貴的學術理想。今天，文學史研究也正在經歷一場重要的轉型，這就是從空洞的理論焦慮中自我解放，重新返回歷史，在學術的「歷史化」進程中鳳凰涅槃，迎來自己新的生命。

只有在這樣的學術脈絡中，我們才有可能洞悉「民國文學」研究的眞諦，也才可能將眞正學術的自覺與大眾文化的潮流區分開來，爲將來的文學史研究開闢嶄新的道路。

社會的時尚是短暫的，而文學史研究的發展卻有它深遠的思想淵源。

大眾的文化是躁動的，而我們需要的學術卻是冷靜的、理性的。

當下的潮流總是變動不居的，除了「民國」之熱，照樣還有「啓蒙」的熱，「黨史」的熱，「國學」的熱……不是每一樁的「時髦」都可以牽動學術思想的重大演變，儘管它們可以在某種程度上相遇，也可以發生某種的對話。

一切都是如此的不同，一切本來也就是根本不同。

熱中之冷與冷中之熱

我如此強調文學史學術的冷靜與理性，與鼓譟一時的社會潮流區別開來，這當然並不意味著我們的工作是封閉於社會，不食人間煙火的學院活動，當代學術向著「歷史化」的方向轉型，這並不意味著學術從此與主體感受無關，與社會關懷無關，從根本上看，這是一種對於研究主體與歷史客體雙向關係的全新的調適，我們必須最充分地尊重未經干擾的事實本身，同時也要善於從歷史事實的豐富中把握我們感受的眞實性，在過去的歷史敘述中，我們對此經驗欠缺，希望「民國文學史」研究能夠讓我們重新開始。

這也就是說，雖然我在根本上強調了學術邏輯與時尚邏輯的不同，但是，我也無意拒絕從社會的普遍感受中獲得關於「歷史價值」的追問和思考，包括對大眾文化內在意義的尊重和關注。法蘭克福學派曾經激烈地抨擊了大眾文化的諸多弊端，不過，這不能掩蓋另外一些學者如英國的文化研究（如費斯克的學說）從相反的角度所展開的正面的發掘與肯定，這指的是對大眾文化追求中積極的建構性意義的褒揚。如費斯克所欣賞的反抗性、自由選擇性，正所謂「身體的快感所進行的抵抗是一種拒絕式的抵抗，是對社會控制的拒絕。它的政治效果在於維持著一種社會認同。它也是能量和強有力的場所：即這種拒絕提供強烈的快感，並因而提供一種全面的逃避，這種逃避使身體快感的出現令上層覺得驚慌，卻使下層人民感到了解放。」〔註5〕中國的大眾文化是在結束文革專制、社會改革開放的過程中發展壯大的，這樣的過程本身就與法蘭克福學派所警惕的成熟的資本主義文化不盡相同，它在問題重重的同時依然帶有抵抗現實秩序的某些功能，因此值得我們認眞對待。即以我們目前看到的「民國熱」爲例，一方面其中肯定充斥了消費主義的萎靡之態與嘩眾取寵的不負責任，但是，在另外一方面，我們卻也應該承認，帶動了「民國熱」的許多講述者本身也是民國史的研究者和關注人，他們兼具知識

〔註5〕費斯克：《理解大眾文化》，王曉玨、宋偉強譯，北京：中央編譯出版社，2001年版，第64頁。

基礎與人文關懷，即使是對「民國」的浪漫化的想像也部分地指向了某種對理想信念的緬懷——教育理念、文化氛圍、人格風骨等等——顯然不都是歷史的事實，但是提出問題本身卻無不鑒古知今，繼續變革中國、造福民族的意味，這卻不是無的放矢的。這樣的大眾文化包含了某些值得深思的精神訴求，在信仰沉淪、物質至上、唯利是圖的時代，尤其不可爲「治民國史」者所蔑視，在某些時候，其本質上胸懷民族未來的激情恰恰應該成爲學術的內在動力。

當然，社會情懷的擁有並不就是學術本身。學術自有自己的理念和法則，作爲學者，我們思考的不是改變這些法則去遷就大眾的情趣，相反，是更好地尊重和完善法則，讓法則成爲社會情懷的合理的延伸和提煉。民國文學的研究首先是學術，不是轉瞬即逝的社會潮流，與那些似是而非的「民國熱」比較，我們起碼還應該在下面幾個方面意識清晰：

第一，作爲學者而不是媒體人，思想是學者的第一生命，而思想的提煉必須來自於對現實生活的有距離的觀察和判斷。我們要特別強調一種理性的認知，以代替某些煽情式文字書寫。之所以這樣強調，乃是在「學術通俗化、市場化」的今天，學術著作有時混同於媒介時代大量的「抒情讀物」中，如果單純依從大眾閱讀的快感，難免會模糊掉學者的本位，使思想讓位於抒情。

其次，作爲歷史敘述的工作者，我們應該盡力還原歷史的複雜性，以區別於對歷史的想像。作爲大眾文化的精神需求，其實不可能「較真」，有時候似是而非的故事更能夠調動人們的情緒，但是對於歷史工作者就不同了，它必須對每一個細節展開盡可能的考察、追問，即使充滿矛盾之處，也必須接受仔細的勘探和分析，當然，這樣的刨根問底可能會打破不少的幻夢，瓦解曾經的想像，就是「歷史見證人」的「口述實錄」也必須接受專業的質疑，未經質疑和考證的材料不能成爲我們完全信賴的根據，這樣的「工作」常常枯燥而繁瑣，並不如一般大眾想像的那麼自由和愜意，但是學術的眞相必須在直面這樣的事實之中，只有洞察了所有這一切的矛盾困惑，我們方能獲得更高的事實的頓悟，也只有不間斷的疑問，才能推動我們對「問題」的不斷髮現。正如有學人指出的那樣：「民國自有許多值得我們繼承、借鑒的遺產，如自由之精神，如兼容並包的大學氣度等等，但我們不應不加辨析，只選取光鮮處，一味稱歎；更無意於要在民國諸賢中分個高低上下，使孔子大戰耶穌，魯迅 PK 胡適，只是覺得我們在關注歷史人物時，首先要研究其思想、事功，而非僅僅作為飯後談資的八卦、段子。」〔註6〕

第三，民國文學的研究最終是為了解釋說明文學本身的問題而不是其他。這裡的「其他」常常就是大眾豐富的需求，或者為了各自的政治道德目標，或者為了心理的釋放，或者就是獵奇與八卦，一切事物都可以成為談資，一切談論的方式都無不可，超越「專業」的任性而談往往更具某種「自由」的魅力。但是，一旦真正進入專業研究，這都是學術的大敵。民國文學研究最終是為了深刻地解釋和說明民國時期的文學何以如此，所有「文學之外」的信息都必須納入到對「文學之內」的認定才有其必要的價值，而且這些信息的真正性也須得我們反覆校勘、多方考辨。在「文學解釋」的方向上，關於「民國」的種種逸聞趣事本身未必都有價值，未必都值得我們津津樂道，只有能夠幫助我們重新進入文學文本的「故事」才具有學術史料的意義。

最後，也是我們必須格外重視的一點，那就是學術研究所包含的社會情懷主要是通過對社會文化環境的緩慢的影響來實現的，它並不等於就是目標單純的政治抨擊，也不同於居高臨下的道德訓誡。就民國文學研究而言，如何我們能夠在學術研究中發掘某些民國文學的發展規律，揭示某些民國作家的精神選擇，闡述某些文學文本的藝術奧妙，本身就對當前的文學生態發生默默的轉移，又經過文學的啓迪通達我們更大的當代精神，誠如斯，學術的價值也就實現了。學術研究有必要與傳統所謂的「現實隱射」嚴格區別開來，雖然我們能夠理解傳統中國的專制主義壓抑下「隱射」思維出現的理由，但是在總體上看，精神活動對社會現實的影響應當是正大光明的，而「隱射」思維卻是偏狹的和陰暗的，文學研究是排除「預設」的對歷史現象的豐富呈現，「影射」卻將思想牽引到一個特定的主觀偏執的方向之上，不僅不能真正抵達真相，而且還可能形成對歷史事實的扭曲和遮蔽，學術擁有更為開闊的目標和境界，而「影射」則常常被個人的私欲所利用。和一切嚴肅的學術研究一樣，民國文學研究是在健康和積極的方向上為中國的當代文化貢獻自己的智慧和力量。

恰恰是「民國熱」之中，我們需要一種「冷」的研究，當然，這「冷」並非冷漠，而是學術的冷靜和理性的清涼。

〔註6〕王晴飛：《冷眼「民國熱」》，《文學報》，2012年7月5日。

目次

上冊

「民國熱」與民國文學研究——《民國文化與文學研究文叢》第三編引言

第一編　民國視野中的作家 ········· 1

壹、戲仿・趣味・民國舊派小說閱讀共同體——重讀張恨水的《八十一夢》　胡安定 ········· 3

貳、以文觀史：論張恨水的 1930 年兼及民國通俗小說家的文學史　康鑫 ········· 19

參、民國視野下的少數民族作家身份價值定位及其啓示——以沈從文、老舍爲例　彭超 ········· 31

肆、從性別客體到性別主體：民國男作家想像女性基點的轉換——以五四男作家敘事中的女性形象爲例　譚梅 ········· 39

伍、「海洋文化」與冰心的詩歌創作　王學東 ········· 61

陸、「禁區」與「誤區」——臺灣的「三十年代作家論」　張堂錡 ········· 79

柒、民國上海的英文期刊環境與林語堂的創作轉型　張睿睿 ··· 97

捌、民國機制和郭沫若的創作及評介　張武軍 ……………………… 113
玖、民國公館與《家》的思想藝術形態　趙靜 ……………………… 129
拾、民國大學視野中的經典作家——以青島時期的老舍爲例
　　周海波 ……………………………………………………………… 147

中 冊

第二編　魯迅研究 …………………………………………………… 159
壹、「迅哥兒」的生存狀況與破落體驗——從《社戲》看家
　　庭變故對魯迅的影響　杜光霞 ……………………………………… 161
貳、魯迅對啓蒙的質疑與超越　韓明港 ……………………………… 171
參、魯迅的辛亥　姜異新 ……………………………………………… 183
肆、反抗商業化的鬥士——論魯迅思想的一個重要側面
　　黎保榮 ……………………………………………………………… 195
伍、傑作還是拙作？——對《狂人日記》評價差異的思考
　　李直飛 ……………………………………………………………… 231
陸、文學敘事與歷史眞實——爲魯迅筆下的庸醫何廉臣正名
　　盧軍 ………………………………………………………………… 245
柒、民國文學與魯迅文學觀　欒梅健、朱靜宇 ………………………… 261
捌、選集運作與魯迅社會身份的建構（1932～1949）
　　羅執廷 ……………………………………………………………… 279
玖、另類的封建家庭與別樣的假道學——《肥皀》新解兼及
　　對研究史的幾點反思　袁少沖 ……………………………………… 297
拾、從教體驗與魯迅現代小說的教育書寫　顏同林 ………………… 331
拾壹、漢畫像對魯迅文學創作的影響　孫偉 ………………………… 351
拾貳、魯迅白俄敘事考論　楊慧 ……………………………………… 371
拾參、從清末到民初：魯迅生活軌迹與思想脈絡探微　蕭濤 · 401
拾肆、民國體驗與魯迅的文學批評　胡昌平 ………………………… 411

下 冊

第三編 作家作品研究 …… 425

壹、話語形式與文學品格——以胡適、魯迅和張愛玲爲中心的考察 布小繼 …… 427

貳、《三個叛逆的女性》與郭沫若的「女權」思想 倪海燕 …… 441

參、「紳」的嬗變——《動搖》的一種解讀 羅維斯 …… 451

肆、論卞之琳 1930～1934 年間的創作心態及其詩歌 高博涵 …… 475

伍、影子經典——白薇創作略談 錢曉宇 …… 495

陸、從吳組緗的破產小說看民國時期的家庭形態 呂潔宇 …… 511

柒、簡論徐訏的戰爭題材詩歌 李俊傑 …… 523

捌、作家汪曾祺的由來 李光榮 …… 537

玖、戰時漂泊體驗與馮沅君的個性書寫 楊華麗 …… 553

拾、王平陵：「民族主義文藝」還是「三民主義文藝」？ 張玫 …… 579

拾壹、抗日根據地內的「鄉土重構」與孫犁的小說創作 周維東 …… 589

拾貳、20 世紀初期留美學生與校園體驗 陶永莉 …… 619

附 錄 …… 625

壹、從宏觀視野到微觀問題——「民國歷史文化與中國現代經典作家」學術研討會述評 高博涵 …… 627

貳、民國歷史文化與中國現代經典作家學術研討會議程 …… 635

第一編　民國視野中的作家

壹、戲仿·趣味·民國舊派小說閱讀共同體——重讀張恨水的《八十一夢》

胡安定[*]

摘要：《八十一夢》是張恨水的一部戲仿力作，其戲仿形態相當豐富，既有時空穿越的陌生化呈現，也有拼貼混雜的「上下古今」式戲謔，還有對新文學文體的降格化戲仿。作者排解苦悶的趣味立場和複雜遊移的戲仿姿態，讓《八十一夢》的兩個文本世界的呈現顯得豐富而多元，不論是對源文本的禮敬或者顛覆解構或者娛樂遊戲，還是在文字面具下對現實的批評揭示或者曖昧抵抗，都讓《八十一夢》蘊含了多重的趣味，在其間既回蕩著滑稽的「空洞的笑」，也不乏抵抗的「戲謔的笑」。《八十一夢》與其他民國舊派小說一樣擁有數量龐大、包羅各色人物的讀者群體，他們把握作者的諷喻內容，成功地完成了對源文本和戲仿文本的雙重「解碼」。從他們索引式的閱讀方式可以看出，因其文化趣味、文學記憶、閱讀闡釋方式相近而造就了一個民國舊派小說的閱讀共同體，它對當時的文學生產機制產生了重要影響。

關鍵詞：《八十一夢》，戲仿，趣味，民國舊派小說，閱讀共同體

* 胡安定（1975～），女，安徽桐城人，文學博士，西南大學文學院副教授，主要從事中國現當代文學與文化研究。在《文學評論》、《社會科學研究》、《首都師範大學學報》等刊物發表論文十多篇，並有多篇論文被《新華文摘》、《人大複印資料》轉載。

戲仿之作在中國文學史上一直不絕如縷，尤其是晚清民國時期，戲仿更是成爲一種重要的文學現象，有晚清的擬舊小說（也稱爲翻新小說）、民初的遊戲文章、鴛鴦蝴蝶派的滑稽小說、魯迅的《故事新編》、四十年代海派「故事新編體」小說等等。所謂戲仿（parody），又稱爲戲擬、謔仿、滑稽摹仿，是指作家或藝術家在創作時有意模仿經典範式或傳統文本的內容及美學表現形式，將其文本中的人物、故事、情節、環境和語言表現風格等因素，置放於一個不相適宜甚至相反的語境中，爲了自身的創作意圖在語境的對比和差異中對其進行曲解、嘲諷或顛覆。在張恨水的小說中，戲仿之作也不爲少數，《眞假寶玉》、《小說迷魂遊地府記》（1919 年），《新斬鬼傳》（1926 年），《八十一夢》（1939 年）。可以說，戲仿貫穿了張恨水創作的各階段。《八十一夢》尤其是他戲仿的集大成之作，表面寫的是敘述者「我」的夢境，實則拿歷史與小說中的人物和典故，作遊戲筆墨，在時空的錯亂顛倒中諷刺現實人生。

長期以來，研究界在思想主題正確的標準下，目之爲「抗戰小說」、「社會諷刺小說」〔註 1〕、「社會諷刺想像小說」〔註 2〕或「國計民生的憂患情緒凝結成的傑出的書」。〔註 3〕還有一些研究者肯定其藝術手法的新質，視《八十一夢》爲張恨水皈依現實主義的標誌。〔註 4〕完成了他實現章回小說體制現代化的文學使命。〔註 5〕還有將之與老舍的《貓城記》、沈從文的《阿麗思中國遊記》、張天翼的《鬼土日記》相提並論，或稱爲中國現代幻設型諷刺小說，認爲它們將幻設的「滑稽」上昇到了現實的「諷刺」。〔註 6〕或名之爲奇遇小說，指出這幾部小說有強烈的戲謔效果和誇張的鬧劇情景。〔註 7〕這些評論大

〔註 1〕唐弢、嚴家炎：《中國現代文學史（三）》，人民文學出版社，1980 年版，第 449 頁。

〔註 2〕錢理群、溫儒敏、吳福輝：《中國現代文學三十年》，北京大學出版社，1998 年版，第 343 頁。

〔註 3〕楊義：《中國現代小說史》（下），人民出版社，1998 年版，第 749 頁。

〔註 4〕趙遐秋、曾慶瑞：《中國現代小說史》（下），中國人民大學出版社，1985 年版，第 100 頁。「時代和社會生活推動他，新時期文學大旗引導他，他皈依到現實主義門下來了。」《八十一夢》是張恨水寫的二三十部抗戰小說中最有代表性的一部。

〔註 5〕錢理群、溫儒敏、吳福輝：《中國現代文學三十年》，北京大學出版社，1998 年版，第 343 頁。

〔註 6〕陳雙陽：《異類的命運——中國現代幻設型諷刺小說論》，《中山大學學報》，1999 年第 1 期。

〔註 7〕馬兵：《論新文學史上的四部奇遇小說》，《山東大學學報》，2004 年第 3 期；

多將《八十一夢》視爲張恨水全新轉變的標誌，是其創作的又一高峰。實際上，《八十一夢》的主題與藝術手法在張恨水的創作以及中國近現代小說中並非獨具一格，有論者注意到了《八十一夢》和張恨水早期作品《眞假寶玉》的相似，而相似的根源來自於對《紅樓夢》的繼承。〔註 8〕還有研究者認爲《八十一夢》承晚清擬舊小說、魯迅《故事新編》傳統，與上海《萬象》《春秋》等報刊上的「故事新編體」、耿小的《新雲山霧沼》等作品一起形成了四十年代諷刺小說的繁榮。〔註 9〕另有學者指出，《八十一夢》應屬張恨水小說的遊戲筆墨，有「辭氣浮露」等過於露骨的問題，人物類型化的單一傾向造成小說深度不足等缺陷。〔註 10〕

迄今爲止，無論是將《八十一夢》視爲主題、藝術全新變革的成功之作，還是注重發掘其與中國小說傳統的繼承關係，這些研究者大多忽視了《八十一夢》的重要寫作策略——戲仿。〔註 11〕事實上，我們通過對《八十一夢》戲仿寫作策略的分析，可以探究張恨水以及晚清民國的一些作家如何使用戲仿手法，這種文學究竟如何被生產出來，讀者的閱讀方式又有哪些特殊之處。也就是說，要探詢戲仿的話語策略背後折射了何種共享的文化趣味，讓擁有共同文學記憶和素養的戲仿作者和讀者群體成爲一個閱讀共同體，從而使得這種文學生產機制和閱讀方式在晚清民國時期一直綿延不輟。

一、《八十一夢》的戲仿形態

《八十一夢》是張恨水創作並發表於重慶的一部作品，於 1939 年 12 月 1 日至 1941 年 4 月 25 日連載於重慶《新民報》的副刊《最後關頭》上。《八十一夢》中的戲仿形態比較豐富，可以說基本集中了張恨水前期小說《眞假寶玉》、《小說迷魂遊地府記》和《新斬鬼傳》中所有的戲仿方式。主要有時空穿越、拼貼混雜和文體戲仿這三種。

馬兵：《想像的本邦——〈阿麗思中國遊記〉、〈貓城記〉、〈鬼土日記〉、〈八十一夢〉合論》，《文學評論》，2010 年第 6 期。

〔註 8〕陳廣士：《關於張恨水早期作品〈眞假寶玉〉的幾點看法》，《藝術探索》，2007 年第 1 期。

〔註 9〕陳子善主編：《中國現代文學編年史——以文學廣告爲中心（1937～1949）》，第 211 頁。湯哲聲撰。

〔註 10〕趙孝萱：《張恨水小說新論》，臺灣學生書局，2002 年，第 51 頁。

〔註 11〕雖然趙孝萱在其論著《張恨水小說新論》中提及「《八十一夢》中更值得討論的可能是擬仿（parady）的技巧。」但惜乎沒作更深一步的探討。

所謂時空穿越，是指對源文本中的人物和時空關係進行糅合、顛覆，舊事新編或新事舊編。常見模式有：一種是讓人物離開原來的環境，來到陌生的新世界，見識種種新奇事物，經歷種種「震驚」式體驗。例如其中的第十夢「狗頭國之一瞥」，我和朋友坐飛機來到一個島國叫狗頭國，此國的人極爲嗜糖，商人靠此牟取暴利。並且此島的人還有個特性，就是一切都是外國的好，如果不用外國貨就會發狗叫病，而一旦發病則需外國人打耳光。我在狗頭國的經歷無疑就是一場異域奇境的震驚體驗。另一種是人物並未離開其所處的時代，但是其所處的周圍環境經過了「現代化」的處理，或者人物所處的時代、環境均未發生改變，但人物的行爲方式卻很現代。如第三十六夢「天堂之遊」，潘金蓮、善財童子、龍女這些古典小說、宗教故事中的人物，在此都已經摩登派頭十足。潘金蓮坐在敞篷汽車裏，「穿了一套入時的巴黎時裝，前露胸脯，後露脊梁。」善財童子和我打招呼則是一句「How do you do」尤其是豬八戒的形象，更是在時空穿越中倍增滑稽感。豬八戒此時擔任南天門督辦，他利用職務之便，囤積貨物，當起奸商，謀取暴利。之所以這樣做，是因爲他「除了高老莊那位高夫人之外，又討了幾位新夫人。有的是董雙成的姊妹班，在瑤池裏出來的人，什麼沒見過，花得很厲害。有的是我路過南海討的，一切是海派，家用也開支浩大，我這身體，又不離豬胎，一添兒女，便是一大群，靠幾個死薪水，就是我這個大胖子，恐怕也吃不飽呢。」貪財好色的豬八戒在天堂如魚得水，衣著光鮮，「穿綠呢西服」，舉止也時髦，用無線電，坐汽車，告別時，嘴裏也是「高喊著谷突擺」。自晚清以來，對豬八戒進行戲仿的小說比較多，有陳景韓的《新西遊記》、煮夢的《新西遊記》、陸士愕的《也是西遊記》，還有大陸的《新封神榜》等多部作品，都將豬八戒戲仿爲書中角色。無論其身份是留學生、買辦還是商人、官員，都強化了《西遊記》原著中豬八戒自私、好色、貪婪等性格特點，讓他成爲人性食色欲望的表達者，和墮落混亂時代的參與者與見證者，《八十一夢》顯然繼承了這一傳統。

其次是拼貼混雜，就是將源文本中典型性的、代表性的符號加以挪用、拼貼、改寫。常見的模式有：一種是將各種文化形態的代表人物雜處於同一歷史舞臺與文化空間，而無論其虛實、時空等。例如第五十八夢「上下古今」，我在柳敬亭帶領下，得以拜見不同時代的名人，有唐明皇、史可法、張士誠、綠珠、陳圓圓、柳如是、蘇軾、佛印等。當我想要辭別綠珠、陳圓圓、柳如是三人而去拜訪二程三蘇時，柳如是笑道：「我們以為張先生見過我們這亡國鶯花，又去見那識大學之道的程老先生，卻是有些不倫不類。而且看看我們這面孔，再去看看他那面孔，這是你們現代人所謂一種幽默。」此言正是對拼貼混雜式戲仿的一個說明，將不同時空的人物置於同一舞臺，造成一種「上下古今」的隨意性。另一種是將源文本中的經典情節、場景、話語方式的混亂並置或挪用改寫，這類戲仿往往抽取源文本中的代表符號進行糅合拼貼。鍾馗斬鬼是張恨水十分鐘愛的一個故事，他創作於 1926 年的《新斬鬼傳》就是對鍾馗斬鬼這一故事模型的戲仿，敘鍾馗剿撫群鬼以後，過了幾百年，孫悟空鬧革命，改建共和天。但鍾馗依然身居廟堂，繼續驅魔的職位。因有人大膽，偷換了廟堂的牌匾，決定再興兵剿鬼。《八十一夢》的第四十八夢「在鍾馗帳下」，與《新斬鬼傳》內容相似，也是對鍾馗斬鬼母題的戲仿，言鍾馗再次興兵斬鬼，攻打阿堵關。兩次「斬鬼」中所遇群鬼，無論是狠心鬼、勢利鬼、風流鬼、下流鬼、吝嗇鬼，還是文化鬼類如玄學鬼、道學鬼、空心鬼、不通鬼等，抑或是鑽進錢眼的阿堵關主將錢惟重，皆是「人中之鬼」，群鬼形象其實是品行惡劣之人的扭曲誇張再現。而第七十二夢「我是孫悟空」，顯然是對《西遊記》中孫悟空除妖降魔故事的戲仿，孫悟空為對付鷹犬特地請來廉頗，因鷹犬有逐臭吃屎的習氣，顯然是對廉頗「一飯而三遺矢」典故的戲謔。很明顯，拼貼混雜式的戲仿有相當程度的遊戲性、娛樂性。

最後是文體戲仿，也就是對文體樣式和話語方式的戲擬，通過文體與內容的不協調，營造或增強文章的諷刺或喜劇效果。常見的模式有：一是將一些經典詩文賦詞曲的內容加以轉換，用高雅莊嚴的文體描述庸俗的內容，或用通俗文體表達嚴肅的內容；另外一種就是對話語風格的戲謔模擬。張恨水在文化心態上與五四新文學作家有著明顯的區別，對一些新思潮、新事物更多是批判與反思，對於那些從價值觀念到行為方式都背離傳統文化與道德的新派人物，基本上是持否定態度。《真假寶玉》中大觀園的對聯是「歐風美雨銷專制，妙舞清歌祝共和」，橫批「平權世界」。顯然是諷刺那些沐歐風美雨，滿口「共和」、「平權」的新派人物。對於五四新文學，他在幾部小說中都曾以戲仿的方式加以諷刺。在《八十一夢》中也是如此，第七十七夢「北平之冬」中，新詩人胡詩熊自稱徐志摩的弟子，即泰戈爾的再傳弟子，他很自豪於自己的詩才，而他所作的新詩就是：「在那牆角落裏，有一張蘆席，上面鋪著雪，下面露出藍色的破衣。呵！這裡躺著一個人呢，他沒有氣息，也不知道這世界上的是非。怪不得每日那狂風中的慘呼：『修好的太太老爺』。今天聽不到了，咦！」這一段顯然是對五四時期流行的白話詩內容和語言形式的戲仿。而在《新斬鬼傳》中，對白話文的戲仿與此有異曲同工之妙，面對鍾馗的進攻，文化鬼類空心鬼作了一篇白話檄文：

> 一個奇怪兇狠的而神秘的臉子的人，他就是那名字叫鍾馗的……唐明皇說：他——鍾馗——能吃鬼，在夢裏這樣彷彿的夢著，終於就封了他專管鬼，他充滿了惡劣思想的腦筋的人，而不講一起人們的應該遵守像吃飯那樣遵守的公理。……當我們還沒有去懲辦他的時候，他已經的帶著兵來搗我們的村子，從前湯伐桀，周武王伐紂，漢高祖伐暴秦，我們既不是桀，又不是紂，更不是秦，何須乎要他伐？……值此德摸克拉西時代，大家都應該講究博愛，鍾馗生著那樣很像他的臉那樣猙獰的心，開口捉鬼，閉口捉鬼，太不講人道。

通過這樣對新文學作品的體裁、題材以及話語風格的戲仿，暴露其可笑的一面，作者的諷刺與否定意味也就不言而喻了。在戲仿中有升格和降格兩種方法，「一類描述平凡瑣碎的事物，借不同的表現風格使其升格；一類描述莊重的事物，借不同的表現風格使其降格。」〔註 12〕張恨水對新文學的戲仿一般就是採用降格的方法。通過這樣的降格，新文學先鋒的文體實驗與語言探索僅僅是故弄玄虛、盲目追逐西方的「歐化」；而新文學作品中所表現的對於人生、社會深切的關懷與嚴肅思考，也就蕩然無存了。

總而言之，《八十一夢》的戲仿形態相當豐富，既有時空穿越的陌生化呈現，也有拼貼混雜的「上下古今」式戲謔，還有對新文學文體的降格化戲仿。那麼，張恨水爲何要採取如此戲仿策略，像《八十一夢》這樣的文本是如何生產出來的呢？

二、排解苦悶的趣味立場

《八十一夢》所刊載的《新民報》爲一份小型報，每期共四版（有極少幾期爲六版）。副刊《最後關頭》在第四版，占近一半篇幅。《新民報》主要採取的辦報立場是較爲注重趣味，時人評價其有兩個特點：第一是標題的

〔註 12〕〔美〕約翰・鄧普：《論滑稽模仿》，項龍譯，崑崙出版社，1992 年，第 2 頁。

別出心裁，但因求別致過甚，有時近乎輕佻，或與新聞本意相反。第二趨重趣味，有時玩笑過度。〔註 13〕張恨水爲《最後關頭》的主編，在發刊詞《這一關》中稱自己「在這《最後關頭》來作一個守卒。任務，自然是吶喊！」雖然張恨水爲抗戰「吶喊」的聲音「絕對是熱烈的，雄壯的，憤慨的。」〔註 14〕但綜觀張恨水爲這個副刊所寫的隨筆文章，無論是出入上下古今掌故，還是縱論抗戰形勢，基本上都具有「趣味濃深」的特點，文字短小活潑，說理輕鬆詼諧。和《新民報》的整體風格保持一致。

《八十一夢》同樣也注重趣味性，張恨水自言寫作目的：「發表於渝者，則略轉筆鋒，思有以排解後方人士之苦悶。夫苦悶之良劑，莫過於愉快。吾雖不能日言前方斃寇若干，然使人讀之啓齒一哂者，則尚優爲之，於是吾乃有以取材於《儒林外史》與《西遊》、《封神》之間矣。」〔註 15〕很明顯，排解後方人士的苦悶，讓大家啓齒一笑是其重要的寫作動機。那麼，如何讓讀者感到有趣？又該發出何種笑聲呢？

我們知道，戲仿其實就是戲仿者對於源文本加以改變語境的挪用、滑稽模仿，以舊瓶裝新酒，或新瓶裝舊酒，其實是一種以舊湊新，權且利用的策略。不同於後現代主義惡搞式的價值虛無立場，《八十一夢》的戲仿往往在戲謔之中還持有批判現實的維度。一般而言，戲仿至少包括兩個文本世界——戲仿者的文本世界和被戲仿者的文本世界。〔註 16〕因此，《八十一夢》就包括了作爲源文本的被戲仿者的文本世界——經典文學作品、歷史人物等，以及戲仿者的文本世界——大後方的世相、各色人物的行狀等。作爲戲仿者，張恨水的姿態與意圖，決定了這兩個文本世界如何呈現。應該說，無論是對被戲仿的文本世界，還是戲仿者的文本世界，張恨水在《八十一夢》中都表現出了一種曖昧、複雜的姿態，從而讓這部作品表現出了豐富的意蘊，其趣味化追求也相對比較多元：既非純然的莊言宏論，也非一味的滑稽戲謔。有論者談及上世紀八、九十年代的中國文學與文化，認爲有兩種笑聲的疊加：空洞的笑與戲謔的笑。大眾文化所代表的「空洞的笑」之外，80 年代的王朔、90 年代的王小波、新世紀十年的韓寒，他們是「戲謔美學」不同階段的代

〔註 13〕傖父：《小型報的〈新民報〉》，《文化新聞》，1941 年 4 月 19 日。

〔註 14〕恨水：《這一關》，《新民報》，1938 年 1 月 15 日。

〔註 15〕張恨水：《八十一夢序》，南京新民報社，1946 年版。

〔註 16〕瑪格麗特・A・羅斯：《戲仿：古代、現代與後現代》，王海萌譯，南京大學出版社，2013 年版，第 39 頁。

表，呈現的是戲謔的反抗。〔註 17〕雖然時代語境有所變化，但這兩種笑聲在《八十一夢》的時期，甚至更早的二、三十年代，在一些鴛鴦蝴蝶派作家和新文學作家那裡也曾回蕩著。張恨水的《八十一夢》中無疑同時充斥著這兩種笑聲，複雜而曖昧，在笑聲的背後是張恨水對源文本和戲仿文本世界的立場與態度。

誠如研究者所言，大多數眞正的戲仿與目標對象的關係是含混的。這樣的含混性不僅導致對被戲仿文本的批評與同情共存，還將後者創造性地擴展至新的層面。〔註 18〕因此對於被戲仿的文本世界——那些經典化的源文本，作者不乏有對其禮敬的一面。這首先表現於對歷史人物的戲仿方面，雖然《八十一夢》對古聖先賢形象的神聖性進行了消解，如小說中寫伯夷叔齊擺攤奉送路人蕨薇，子路扛著米口袋匆匆而來，墨翟因拒絕在門口張貼巴結龍王的標語而受辱……他們此時就如普通人一樣面臨困境，生活不如意。但這些聖賢仍然是作者正面肯定的形象，尤其伯夷采薇而食的典故，多次被戲仿。孫悟空降妖，面對三妖金銀銅氣所煉的黃霧，也是含上伯夷贈與的薇蕨，才得以破解。可見，張恨水還是尊崇古聖先賢的操守，認爲化解物欲橫流的良方還是聖賢之道。其次，像《西遊記》、《斬鬼傳》這樣的古典小說，其故事框架和經典人物顯然都是作者十分喜愛的，鍾馗斬鬼的故事不僅被作者在《新斬鬼傳》與《八十一夢》都加以戲仿，而且在隨筆中也多次提及。而豬八戒、孫悟空這樣的經典人物身上所具有的性格特徵，如長相、愛好、家世、來歷、情感等，已爲讀者十分熟悉，作者延續或誇張了他們在原著中性格特徵，既能在時空穿越中產生滑稽感，也讓讀者倍感親切。

當然，戲仿對源文本也有其顚覆、解構的一面，《八十一夢》中對新文學作品的戲仿即是如此。其實類似的對新文學的戲仿，在二十世紀二十年代的鴛鴦蝴蝶派作家那裡，已是極爲常見。如胡寄塵《一個被強盜捉去的新文化運動者底成績》、葉勁風署爲「隸隸派小說」的《？》，都屬此類。當新文學群體登上文壇，爲了確定自己在文學場中的位置，他們對鴛鴦蝴蝶派進行了一系列的批判，否定其藝術成就。同時新文學群體也致力於創作，拿出

〔註 17〕黃平：《反諷、共同體和參與性危機——重讀王朔〈頑主〉》，《中國現代文學研究叢刊》，2013 年第 7 期。

〔註 18〕瑪格麗特・A・羅斯：《戲仿：古代、現代與後現代》，王海萌譯，南京大學出版社，2013 年版，第 50 頁。

了自己風格迥異的作品。應該說，他們是相信自己的創作無論思想內容還是藝術成就都是高於鴛鴦蝴蝶派的，具有典範性。某種程度上，在二者之間存在一個優劣等級。而鴛鴦蝴蝶派的戲仿顯然就是針對這種等級。尤其是通過種種降格戲仿，將新文學漫畫式處理，在嘲弄、戲謔中顛覆二者之間的等級。誠如研究者指出的：所謂「戲仿」就是瞬間抽掉神聖腳下的崇高聖壇，從而享受極速心理落差的刺激和快感。這就是戲仿文體的「極速矮化」原則。〔註 19〕到了三、四十年代，新文學與鴛鴦蝴蝶派之間的區分日益明顯，並且由於傳媒、學校等機構的參與，二者之間的等級關係日益被合法化、經典化。而張恨水因創作章回體小說《春明外史》、《金粉世家》、《啼笑因緣》等小說暢銷轟動、與上海鴛鴦蝴蝶派圈子過從甚密、爲鴛鴦蝴蝶派報刊撰稿等原因，被新文學界認定爲鴛鴦蝴蝶派的大師。很顯然，他明白新文學與鴛鴦蝴蝶派這種身份背後的等級設置，多次對自己被納入鴛鴦蝴蝶派感到無奈。在《八十一夢》中對新文學作品的戲仿，一方面是他對新文學批判的一種回應，另一方面也是他對新文學所建構的等級、秩序的一種顛覆與解構。通過這樣的戲仿，無疑讓自己享受了一次「極速矮化」對手所帶來的心理快感。

此外，戲仿者對於源文本常常也會有一種遊戲、娛樂的傾向，主要體現於拼貼混雜式的戲仿中。如五十八夢「上下古今」中，雖有一定的借古諷今意味，但是令各色人物雜處一臺，在嘈雜喧嘩之中就熱鬧有餘而諷喻不足了；同時又熱衷於打探歷史人物的行止，不乏有窺探名人隱私，滿足讀者好奇心的一面。另外，《八十一夢》中還有不少對歷史人文掌故順手拈來的挪用，有些運用其實未必貼切，一定程度上具有隨意拼貼的遊戲性。

除了被戲仿者的世界——源文本之外，《八十一夢》呈現的另一個重要的世界就是戲仿者的文本世界。這個世界更多的是指作者所處的現實空間：大後方的世態萬象、自己所經歷的人情世故、道聽途說的逸聞趣事……對於這個世界的呈現，戲仿文本一般通過「文字面具」的方式，也就是將目標文本作爲「文字面具」（word-mask）並將自己的意圖暫時隱藏其後，可以說這是一種反諷式的「仿眞」。在這樣的戲仿中，目標文本也許是戲仿者改革或改寫的對象，但也可以是諷刺的對象，或被作爲一種面具，使其他目標以「伊索

〔註 19〕趙憲章：《超文性戲仿文體解讀》，《湖南師範大學社會科學學報》，2004 年第 3 期。

寓言式」或隱蔽性的方式被攻擊或改變。當直接批評也許會帶來審查或誹謗罪的危險時，戲仿者也許會使用這樣的僞裝。〔註 20〕《八十一夢》聲稱記敘自己離奇、豐富的夢境，書稿是因記夢而來，所言「八十一」，但實則不過十四個夢，皆是緣於被老鼠摧殘，如今讀者所見，無非就是「鼠齒下的剩餘」。作者自言：

> 中國的稗官家言，用夢字作書名的，那就多了。人人皆知的紅樓夢自不必說，像演義裏的希夷夢，蘭花夢，海上繁花夢，青樓夢，院本裏的蝴蝶夢，勘夢，……太多太多，一時記不清，寫不完。但我這個八十一夢，卻和以上的不同。人家有意義，有章法，有結構，但我寫的，卻是斷爛朝報式的一篇糊塗帳。不敢高攀古人，也不必去攀古人，我是現代人，我作的是現代人所能作的夢。(《八十一夢・尾聲》)

其實這段文字就是說明自己採取一種「文字面具」策略，模仿古人而實爲現代人，借寫夢境而指涉現實。作者以陌生化、變形的方式呈現現實，將自己尖銳批評現實的目的隱藏於其間。很明顯，《八十一夢》中對大後方的種種腐敗、新人物的輕佻行止明顯是持批判態度的。在「天堂之遊」、「鍾馗帳下」、「我是孫悟空」等夢中，直陳聖賢的無奈與堅持、匪盜的橫行與霸道、暴發戶的粗俗與意氣、權貴的法術通天等現象，這些無不體現了作者對當時社會風氣的一種強烈不滿。可以說，《八十一夢》並不是僅僅滿足於搞笑式的插科打諢，它有著一種嚴肅的批評性揭示的態度。

但我們也必須看到，戲仿文本對於現實常常只是一種曖昧抵抗的姿態。沈從文曾諷刺幽默文學的作者是「一些又怕事又歡喜生點小事的人」，〔註 21〕戲仿者有不少就屬於這種，《八十一夢》也是如此，作者固然有抵抗、批判的立場，但因採取的是戲說、嘲弄的方式，其諷刺的鋒芒常常被遮掩其間。而且，在滑稽的笑謔之後，鬱積之氣已然抒解，抵抗就更爲曖昧了。

總而言之，因張恨水複雜、遊移的戲仿意圖與姿態，《八十一夢》的兩個文本世界的呈現也顯得豐富而多元，不論是對源文本的禮敬或者顚覆解構或者娛樂遊戲，還是在文字面具下對現實的批評揭示或者曖昧抵抗，都讓《八

〔註 20〕瑪格麗特・A・羅斯：《戲仿：古代、現代與後現代》，王海萌譯，南京大學出版社，2013 年版，第 29～30 頁。

〔註 21〕沈從文：《愛欲》，《沈從文全集》第 9 卷，北嶽文藝出版社，2002 年版，第 275 頁。

十一夢》蘊含了多重的趣味，在其間既回蕩著滑稽的「空洞的笑」，也不乏抵抗的「戲謔的笑」。但是，一部作品，無論作者的意圖、姿態如何，最終它的意義的實現要依靠讀者。那麼，《八十一夢》這樣的戲仿文本，它的雙重文本結構、複雜的意蘊，又是召喚了哪些有著共享趣味的讀者，激發了他們怎樣的文學記憶，從而實現自己的意義的？

三、舊派小說閱讀共同體

上世紀二、三十年代，在新舊文學的論爭中，鴛鴦蝴蝶派文人努力爲自己構建一個繼承傳統、立足本土的「舊派」形象，他們的小說也被冠以「民國舊派小說」的稱號。〔註 22〕很明顯，張恨水被歸入鴛鴦蝴蝶派陣營，他的小說也屬於「民國舊派小說」。自民初開始，這些「民國舊派小說」就擁有人數眾多的讀者，形成一個又一個流行的浪潮：哀情潮、武俠潮、社會言情潮……張恨水無疑也是其中的弄潮兒，他的《金粉世家》、《啼笑因緣》造就了無數「金粉迷」「啼笑迷」。這個舊派小說閱讀群體顯然是一個值得研究的現象：他們究竟包括哪些人，到底怎樣閱讀？

應該說，到了《八十一夢》時期，張恨水已經負有盛名，擁有一批固定的讀者。當張恨水再次以戲仿策略創作這部小說，這些讀者又是如何被吸引？他們以何種方式面對這個雙重文本的小說？爲什麼會有那樣的閱讀體驗？這些問題無疑對我們管窺舊派小說閱讀群體現象有著重要意義。當然，要具體考證《八十一夢》有哪些讀者，他們以何種方式閱讀這部小說，有什麼樣的閱讀反應，肯定是一件十分困難的事情。關於閱讀的資料十分稀少，我們不能根據自己的閱讀體驗來武斷民國時期面對文本的讀者的體驗，也不能僅僅根據評論文章來臆測讀者的反應。

但即使這樣，我們還是可以根據有限的資料，得出一個最起碼的論斷：如同張恨水其他小說一樣，《八十一夢》的讀者人數相當可觀，職業階層分佈也較廣。《新民報》銷量基本保持在萬份以上，而在 1939、1940 年，重慶的報紙發行狀況並不十分景氣，時人調查聲稱，在創刊廣告曾登出以「日銷百

〔註 22〕范煙橋的《民國舊派小說史略》回顧了鴛鴦蝴蝶派小說的發展歷程，體裁分爲言情、社會、歷史傳奇、武俠、翻譯、偵探、短篇（附筆記）等，團體則有青社與星社，並對「民國舊派小說」做了具體說明：「這裡說的民國小說，是指的舊派小說，主要又是章回體的小說。」見魏紹昌主編：《鴛鴦蝴蝶派研究資料》，第 167～168 頁。

萬份爲目的」的上海立報，結果也只能實現百分之三四，立報遷港連銷百分之一也很困難。《新民報》在重慶能突破萬份的記錄，實在不容易。讀者則以一般市民和學生爲多。〔註 23〕其實，由《新民報》的欄目、內容和廣告內容也可以大致推測出其讀者的構成，《新民報》的第一、二版爲國際國內要聞，第三版爲社會新聞，內容比較龐雜，政界、學界、文化界的都有所關注，有專欄《學府風光》，關注學校、教育界的種種動向。第四版除了《最後關頭》欄，就是廣告。廣告內容十分豐富，有電影戲劇預告、徵聘小學教師、大中學校招生錄取、各科醫生招牌、商場打折、飯店開業、銀行啓事等等，可見《新民報》的讀者包括了陪都的各行各業人士。這和張恨水小說的讀者情況類似，關於張恨水小說的讀者，常常被提及的就是魯迅的母親，魯迅在上海期間曾多次給母親寄張恨水的小說，老太太肯定是張恨水的小說迷；張愛玲也毫不掩飾對張恨水小說的喜愛，多次在文章中提及。老舍稱張恨水是「國內唯一的婦孺皆知的老作家」〔註 24〕。張恨水本人也回憶自己的小說廣受追捧，「上至黨國名流，下至風塵少女」。〔註 25〕可見，民國時期的張恨水小說讀者群體極爲龐大，包羅各色人物，並非僅限於一些新文學家所認爲的「封建小市民」。

這些讀者爲什麼閱讀張恨水的小說，原因也是千差萬別，但有一點基本可以肯定：普通讀者一般不是爲了研究求知或聆聽教誨而去讀張恨水的小說。胡寄塵曾對三十年代的閱讀情況有過觀察，他指出不同於研究性和求知性閱讀，一般人的讀書，至多是讀讀無聊的小說，消遣消遣；讀讀日報，看點新聞，當作談天說海的資料，看看廣告，當作看戲看電影，赴遊戲場，購買新出物品的指南。這種習慣，實在很普遍。〔註 26〕張恨水的小說未必是「無聊的小說」，但大多數人出於消遣的目的去讀應該是事實。正如張愛玲所言：作者們感到曲高和寡的苦悶，有意地去迎合低級趣味。存心迎合低級趣味的人，多半是自處甚高，不把讀者看在眼裏，這就種下了失敗的根。……要低級趣味，非得從裏面打出來。我們不必把人我之間劃上這麼清楚的界限。我

〔註 23〕 傖父：《小型報的〈新民報〉》，《文化新聞》，1941 年 4 月 19 日。

〔註 24〕 老舍：《一點點認識》，張占國、魏守忠編：《張恨水研究資料》，知識產權出版社，2009 年版，第 88 頁。

〔註 25〕 張恨水：《我的小說過程》，張占國、魏守忠：《張恨水研究資料》，知識產權出版社，2009 年版，第 233 頁。

〔註 26〕 胡懷琛：《學生讀書之研究》，上海廣益書局，1932 年版，第 67 頁。

們自己也喜歡看張恨水的小說，也喜歡聽明皇的秘史。〔註 27〕張愛玲肯定普通人的「低級趣味」：愛看傳奇，窺探名人隱私的八卦心理等，張恨水的小說和明皇秘史一樣，尊重並滿足普通人的這種趣味。

由此，我們可以大膽推測讀者在面對象《八十一夢》這樣的戲仿文本時，會有哪些反應。當然，正如羅伯特·達恩頓關於法國大革命時期暢銷禁書的讀者反應所聲明的那樣：閱讀被雙重因素所限定，一方面是書作爲交流媒介的屬性，另一方面是讀者內在化的並且交流必須在其中發生的一般符號代碼。……在強調閱讀的文化約束方面，我無意於暗示讀者必須自同一本書中發現相同的信息，幾乎任何文化系統都有足夠的空間容納對文本的新穎的和矛盾的反應。〔註 28〕對《八十一夢》的閱讀反應也是如此，不同讀者會有不同體驗，其間會充滿差異和矛盾。我們只能在這差異與矛盾叢生的空間中，大致勾勒這個閱讀群體的模糊面貌。

關於《八十一夢》閱讀情況的記錄，有兩則回憶很有意思：一則張恨水本人認爲「天堂之遊」「我是孫悟空」幾篇，最能引起讀者共鳴，因爲寫到「孔道通天」的豪門和法術無邊的通天聖母。爲此一位國民黨官方背景的朋友專門設宴規勸自己，並警告如果繼續這樣的文字，將會被關進貴州息烽的特務監獄。〔註 29〕另一則是一九四二年秋，周恩來接見《新民報》的主要工作人員，張恨水在座。周恩來說：同反動派作鬥爭，可以從正面鬥，也可以從側面鬥，我覺得用小說體裁揭露黑暗勢力，就是一個好辦法，也不會弄到「開天窗」，恨水先生寫的《八十一夢》不是就起了一定作用嗎？〔註 30〕如果忽略國共政治爭鬥的背景下，各方的傾向性解讀這一面。這兩則回憶其實透露了《八十一夢》十分有趣的閱讀反應情況：《八十一夢》以戲仿策略呈現的現實被這些讀者毫無障礙的辨認和理解了，他們從中看到了作者所要揭露諷刺的對象。

應該說，雙重結構的戲仿文本也是互文性文本，被戲仿的源文本和戲仿

〔註 27〕張愛玲：《論寫作》，《張愛玲文集》第四卷，安徽文藝出版社，1992 年版，第 82 頁。

〔註 28〕羅伯特·達恩頓：《法國大革命前的暢銷禁書》，鄭國強譯，華東師範大學出版社，2012 年版，第 188 頁。

〔註 29〕張恨水：《寫作生涯回憶》，《張恨水全集·寫作生涯回憶》，北嶽文藝出版社，1993 年版，第 76 頁。

〔註 30〕張曉水、張二水、張伍：《回憶父親張恨水先生》，張占國、魏守忠編：《張恨水研究資料》，知識產權出版社，2009 年版，第 138 頁。

文本構成互文關係。而互文性的矛盾就在於它與讀者建立了一種緊密的依賴關係，它永遠激發讀者更多的想像和知識，而同時，它又遮遮掩掩，從而體現出每個人的文化、記憶、個性之間的差別。讀者被互文吸引體現在四個方面：記憶，文化，詮釋的創造性和玩味的心理，讀者想成功地解讀那些分散、疊加在文本各個層面並包含了不同閱讀水平的文筆，則需要將這四個方面都融會起來。〔註 31〕讀者與《八十一夢》的關係也是如此。面對《八十一夢》的兩個文本世界：作爲源文本的被戲仿者的文本世界——經典文學作品、歷史人物等，以及戲仿者的文本世界——大後方的世相、各色人物的行狀等。讀者必須調動自己的文化、記憶，辨認出被戲仿的源文本，也要詮釋或玩味戲仿者的文本世界，把握其意圖所在。因此，讀者既需要對源文本、戲仿文本有一定的瞭解，熟悉其中的人物形象、歷史掌故、現實狀況，又要有充分的聯想、想像能力，在兩個文本世界之間架起橋梁。如果說，被戲仿的文本被戲仿者「解碼」，又以「扭曲」或變化的形式（或「編碼」）被呈現給另一個解碼者，即戲仿的讀者。〔註 32〕那麼，戲仿文本的讀者則要完成雙重「解碼」。只有這樣，對《八十一夢》此類戲仿文本的閱讀闡釋才算完成。如果一個讀者面對「天堂之遊」「上下古今」「我是孫悟空」等章節，缺乏這樣的解碼能力，而是將它解讀爲「豬八戒的新生活」、「潘金蓮軼事」、「孫悟空後傳」，那顯然是失敗的閱讀。

讀者之所以能夠順利的閱讀闡釋《八十一夢》這樣的戲仿文本，心照不宣的辨認出作者所要諷刺批判的現象、人物，也說明了在作者與這些讀者之間存在一個話語共同體，正如琳達·哈琴所指出的，並不是說反諷創造了共同體或內部集團；反諷之所以發生，是因爲那可稱之爲「話語的共同體」的群體已經存在，而且已經爲佈局使用和認定反諷提供了語境。我們所有人同時都屬於多種這樣由話語構成的共同體，其中每一個共同體中都有自己的交際習慣，既局限我們卻也賦予我們能力。與其說反諷創造共同體，倒不如說首先是話語的共同體促使反諷成爲可能。〔註 33〕《八十一夢》以戲仿策略諷

〔註 31〕蒂費納·薩莫瓦約：《互文性研究》，邵煒譯，天津人民出版社，2003 年版，第 81、82 頁。

〔註 32〕瑪格麗特·A·羅斯：《戲仿：古代、現代與後現代》，王海萌譯，南京大學出版社，2013 年版，第 38 頁。

〔註 33〕琳達·哈琴：《反諷之鋒芒：反諷的理論與政見》，徐曉雯譯，河南大學出版社，2010 年版，第 13 頁。

喻現實，讀者能成功解碼，正足以看出話語共同體所發揮的作用。這個話語共同體和中國深遠的史傳傳統有著聯繫，小說歷來被視爲「稗官野史」，一般讀者也傾向以讀史的眼光讀小說。同時，晚清以來新聞傳媒的發展也和這個話語共同體形成有著莫大的關係，早期的小說家大多投身報館，同時從事新聞業，他們在新聞與小說之間並沒有嚴格的界限。小說的素材往往來源於新聞，晚清的李伯元、吳趼人如此。民國舊派小說家大多繼承了這一傳統，民初蔚爲大觀的社會小說往往就是社會新聞集錦，李涵秋、包天笑、畢倚虹等都是這樣。而張恨水本身就有很長的記者職業生涯，早期小說《春明外史》涉及時事軼聞極多。因此，對於這類舊派小說，讀者索引式的閱讀方式十分普遍，就是透過小說索引其所指的眞人眞事，也就是張愛玲所言的「低級趣味」。張恨水的小說被如此閱讀相當普遍，他的《金粉世家》也引起熱烈的追捧，不少讀者就向他詢問究竟寫的是民國哪個大家族。對於《八十一夢》的索引式閱讀也很普遍，其中潘金蓮打警察耳光，究竟指的是哪個高官眷屬的飛揚跋扈，法術無邊的通天老妖又是影射何人，引起了讀者索解的興趣，自然也就讓國民黨高層不滿，而共產黨則稱讚其鬥爭性。

由此我們也可以看出，《八十一夢》這個意蘊豐富的戲仿文本，在其閱讀接受中最受關注的還是其影射、批判的大後方現實，索引式的閱讀方式有著深遠的影響。民國舊派小說無論怎樣潮起潮落，始終有其關注世俗人生、著眼社會新聞的一面，正是和這個閱讀群體有著極大的關係。相近的文化趣味、文學記憶、閱讀闡釋方式等，造就了這個民國舊派小說閱讀共同體。反過來，這個閱讀共同體又影響了如張恨水這樣的舊派小說家的文學生產。

貳、以文觀史：論張恨水的1930年兼及民國通俗小說家的文學史

康　鑫*

摘要：張恨水一直有寫一部中國小說史的心願。以往的研究者多關注作爲小說家的張恨水，對於他的學術思路很少提及。這與張恨水的研究論著沒有完成，相關文學理論論述過於零散有關。事實上，從關於著史一事隻言片語的記述文字中，我們依然可以窺探張恨水的文學理論思想及其學術眼光。1930年的張恨水投入大量精力進行文學史料收集和考證。他對通俗小說淵源的考證顯示出對小說研究初步的學術積累。除張恨水外，民國時期通俗理論的相關論述，多出自於身爲通俗小說家的作家之手，他們從創作實踐出發，隨感式地論說有關通俗文學創作的相關問題，這成爲民國通俗小說家表達文學觀念的特殊方式。這些關於文學史零散但鮮活的論述應成爲當下研究者建構現代通俗文學理論重新返回的歷史現場與理論原點。

關鍵詞：張恨水，1930年，通俗小說家，文學史

* 康鑫，文學博士，河北師範大學文學院副教授。

楊義先生曾以「張恨水：熱鬧中的寂寞」爲題，論述過張恨水在學術界遭遇的「冷遇」。他說：「張恨水是什麼？他的讀者很多，但眞正的知音者少，他是一個名副其實的熱鬧中的寂寞。」〔註 1〕近幾年，張恨水遭受「冷遇」的狀況發生了翻天覆地的變化，甚至可以用「熱鬧中的熱鬧」來描述張恨水受到的追捧。張恨水的小說不斷被翻拍成電視劇熱播。從《金粉世家》、《啼笑因緣》到《紙醉金迷》，張恨水可以稱得上是小說被翻拍最多的民國作家之一。央視收視率頗高的《百家講壇》及時抓住觀眾的興奮點，連續推出五期「張恨水系列」講座，邀請袁進、孔慶東、徐德明、張中良、湯哲聲五位知名學者爲觀眾解讀張恨水小說。學術界近幾年對張恨水的研究也取得了頗豐的成果，張恨水的家鄉安徽省潛山縣前後舉辦多次國際性的張恨水研討會，海內外的專家、學者對這位民國小說家給予了多方位的關注。張恨水研究在新世紀突然「熱」了起來。

一時間，張恨水的知音似乎一下子多起來，從「冷遇」到「熱捧」固然是個令人興奮的轉變，但前後如此極端的轉變也頗令人感到迷惑。張恨水在民國和當下兩度「熱」起來的緣由何在？在「冷」與「熱」兩種極端情緒背後是否說明作爲一種文化現象的「張恨水熱」有更多値得我們深入探究的地方？今天我們應該如何考量民國大眾文化潮中的「張恨水現象」？這些問題，都未被學術界予以足夠的關注。如果從這些問題出發，繼續追問下去，會發現楊義先生在九十年代提出的張恨水研究中存在「熱鬧中的寂寞」的質疑，今天仍具有警示意義。筆者將在下文對研究界較少關注的張恨水在 1930 年的一段特殊的心路歷程展開論述，以此剖析張恨水對現代通俗文學創作的獨特認知與實踐。

一、爲通俗小說著史：張恨水的持久心願

寫一部中國小說史是張恨水一直懷揣的願望，儘管他不是嚴格意義上的學院派學者。通過著述文學史這一具有學術傾向的心願可以透視出其背後凝聚張恨水對文學特殊的生命體驗。以往的研究者多關注作爲小說家的張恨水，對於他的學術思路很少提及，即便提及也常常引述張恨水及其子女的記述，將它當做一個普通的事情看待。這與張恨水的研究論著沒有完成，相關文學理論論述過於零散有關。事實上，從關於著史一事隻言片語的記述文字

〔註 1〕楊義：《張恨水：熱鬧中的寂寞》，《文學評論》，1995 年第 5 期。

中，我們依然可以窺探張恨水的文學理論思想及其學術眼光。「三十年代的北京，對學者教授的尊崇在職業作家之上。許多作家都逐漸放棄或減少寫作，去從事學術性研究和在大學教書。張恨水雖然創作了許多小說，成爲家喻戶曉的作家，但他深受小說是『小道』的傳統觀念束縛，並不推崇自己的職業。他嚮往從事學術研究，他熱心研究中國小說的發展。」〔註2〕張恨水是否是因爲不推崇小說家的職業而熱心於學術研究尚待商榷，但是這些足以凸顯著述小說史在張恨水生命中所佔據的位置。「著史願望」背後隱含的一系列動機值得我們仔細探究。

張恨水爲何有小說史寫作的欲望和動力？究竟是哪些重要的理論問題和現實問題困擾著他？也就是說，張恨水寫作小說史的文化針對性是什麼？他對小說史有興趣的特殊性何在？在小說史中，張恨水試圖提出什麼問題？這些問題的解決，對作者和我們而言意味著什麼？

作爲「新聞工作的苦力」的張恨水，少有精力和工夫顧及編輯、創作之外的興趣、愛好。家庭生活的重擔迫使張恨水必須不斷地寫作，不得不「賣文爲生」，不過他深感這絕非樂事，如他所說：「於是看見賣文之業，無論享名至如何程度，究非快活事也」。〔註3〕由於常年不停地寫作，他幾乎成了「文字機器」。但張恨水一直有寫一部中國小說史的願望，稍有閒餘就到處搜集善本古書，爲寫小說史做準備，但這個願望最終未能如願以償。「可惜遭到『九・一八』大禍，一切成了泡影。材料全部散失，以後再也沒有精力和財力來辦這件事」。〔註4〕「這一些發掘，鼓勵我寫小說史的精神不少。可惜遭到『九・一八』大禍，一切成了泡影。不過這對我加油一層，是很有收穫的。吾衰矣，經濟力量的慘落（我也不願在紙上哭窮，只此一句爲止），又不許可我買書，作《中國小說史》的願心，只有拋棄。文壇上的巨墨，有的是，我只有退讓賢能了，遲早有人會寫出來的。」〔註5〕由此可見，造成小說史沒有完成的原因主要有三點：第一，「九・一八事變」造成以往收集的資料全部失散；第二，繁忙的工作使張恨水沒有多餘的精力投入這一浩大的著史工程；第三，戰事導致國內形勢巨變，個人財力緊張，經濟上無力收集珍貴的古書。由此可見，未完成的中國小說史均是外力所致，絕非張恨水本人主觀原因。

〔註 2〕袁進：《張恨水評傳》，長沙：湖南文藝出版社，1988 年版，第 156 頁。
〔註 3〕張恨水：《哀海上小說家畢倚》，《世界晚報》，1926 年 5 月 29 日。
〔註 4〕張恨水：《寫作生涯回憶》，合肥：北嶽文藝出版社，1993 年版，第 128 頁。
〔註 5〕張恨水：《寫作生涯回憶》，合肥：北嶽文藝出版社，1993 年版，第 50 頁。

張恨水本人以及子女曾在回憶文章中多次提及他想寫中國小說史的持久願望和努力。他的女兒張明明回憶說：「他有個願望是寫一部中國小說史，可惜沒有如願，我把他的願望轉述讀者，希望我們的同胞，無論是在中國大陸上的、臺灣的、香港的或是海外華人，能完成幾部小說史，以慰藉在動蕩的年月中度過一生的老一輩文人。」〔註 6〕張恨水自己也說：「關於我的小說事業，除編撰而外，一年以來，我有點考據迷，得有餘暇，常常作一點考證的工夫。起初，我原打算作一部中國小說史大綱，後來越考證越發現自己見聞不廣，便把大計劃打消，改了作中國小說史料拾零，最近我又怕人家誤會是片斷的，改名中國小說新考，萬一這部書能成功，也許對中國文學問題有點區區的貢獻」。〔註 7〕上述兩次徹底改變小說史的著述思路，主要原因是他考慮到本人的能力和手頭掌握的資料所限。

中國文學史著述是近代以來，伴隨著西方教育體制影響，在中國興起的一種文化需求。「西式分科教育形態也因西學的納入，逐漸成爲學堂授習知識的主要方式。隨著西式分科教育的施行，其背後所代表的西方知識分類系統，也因此而透過制度化的形式漸漸開始影響中國傳統的知識結構，並促使近代學術體系出現重大的轉折」，〔註 8〕在「西潮」衝擊之下，中國的研究學者受到西方文學史研究方法、敘述體例的影響，逐步開始著述中國文學史。由於文學史多應用教學需要，產生於新式教育體制之內，因此，其著述者多爲在大學擔任教職的學者。魯迅曾說：「我的《中國小說史略》，是先因爲要教書糊口，這才陸續編成的」，「這三年來不再教書，關於小說史的材料也就不去留心了。因此並沒有什麼新材料」，〔註 9〕魯迅所說確爲事實。如果不是教學需要，也許如今許多聲名赫赫的文學史家都不會從事文學史撰寫。作爲職業報人和業餘作家，張恨水有別於魯迅和那些在高等學府擔任教職的教授、學者，將編寫文學史作爲完成教學任務的一部分併以此換取薪酬。〔註 10〕著述文學史屬於學院派的思路，這並非是身爲小說家的張恨水所擅長的。在這種

〔註 6〕張恨水：《寫作生涯回憶》，合肥：北嶽文藝出版社，1993 年版，第 426 頁。

〔註 7〕張恨水：《寫作生涯回憶》，合肥：北嶽文藝出版社，1993 年版，第 6 頁。

〔註 8〕劉心龍：《學科體制與近代中國史學的建立》，見羅志田：《20 世紀的中國：學術與社會・史學卷》，濟南：山東人民出版社，2001 年版，第 457～458 頁。

〔註 9〕魯迅：《集外集拾遺補編》，北京：人民文學出版社，1993 年版，第 295 頁。

〔註 10〕魯迅因在北京大學等校兼課，需要課本而撰寫《中國小說史略》；後因在廈門大學任教，須編講義而完成《漢文學史綱要》。

情況下，不是大學學者的張恨水對著述文學史的持久願望就顯得尤爲特殊。既然，著述文學史並非必須完成以換取教職薪酬的方式，那麼，張恨水是在一種怎樣的生命狀態下萌生著述一部中國小說史這一願望的呢？這一持久的願望是否能投射出張恨水潛在的文學史意識呢？對張恨水在 1930 年前後生活狀況的分析也許有助於我們對這些問題的理解。

二、在創作與學術之間：張恨水的 1930 年

綜觀張恨水一生，其在學校擔任教職的日子是極爲有限的。「1931 年，父親在四叔和一些朋友的鼓勵下，以自己的稿費出資，創辦了『北平華北美術專門學校』，又因他的聲望，被推舉爲校長，兼教中國古典文學和小說創作，但不過問具體校務，日常工作由四叔主持。」〔註 11〕「父親偶爾講講課，也多是語文之類。」「學校劃了一座院落作爲校長辦公的地方。父親住在學校裏，除了教書，什麼意外的打擾都沒有，能夠靜心靜意地寫文章、看書。」〔註 12〕張恨水僅有的這次教書經歷，頗有「客串」的意味，其上課內容也集中在自己的專長文學鑒賞和文學創作上，並不涉及系統的文學史教學。此外，他居於學校出資人和校長的位置，只教幾點鐘的國文，另外就是跑路籌款。這與普通教師以教學、科研爲主要工作是完全不同的。由此可見，作爲教學所需而撰寫文學史並非張恨水必須所爲之事。

文學史寫作是需要投入大量精力和時間的工程，並且無法迅速地換取稿費或版稅。1930 年，張恨水因對成舍我苛刻的給薪方式不滿，辭去《世界日報》和《世界晚報》的編輯職務。〔註 13〕之後的一段時間，張恨水有了難得的閒暇，也讓他有更多的精力專注於小說史資料的收集。「父親自 1930 年 2 月辭去了《世界日報》工作以後，沒有編務纏身，可以一心一意地寫作，心情也愉快」，「父親也要給自己『加油』，每晚登床以後，總要擁被看一兩點鐘的書。他看的書很雜，文藝的、哲學的、社會學的，他都要看。此外，幾本

〔註 11〕張伍：《雪泥印痕：我的父親張恨水》，瀋陽：春風文藝出版社，2006 年版，第 93 頁。

〔註 12〕張恨水：《寫作生涯回憶》，合肥：北嶽文藝出版社，1993 年版，第 255～256 頁。

〔註 13〕1930 年 4 月 20 日《世界日報》發表張恨水《告別朋友》一文，說明辭去編輯職務的原因：「爲什麼辭去編輯？我一支筆雖幾乎供給十六口之家，然而生活的水平線總維持著無大漲落，現在似乎不至於去沿門托缽而搖尾乞憐」，表示出對成舍我給予薪酬的不滿。

長期訂閱的雜誌，也是每期必讀的。他說，必須『加油』才能跟上時代，理解時代，這也就是所謂的『畫眉深淺入時無』了」。「這時父親的『加油』，興趣偏重於考據。」〔註 14〕張恨水也多次在回憶文章中提及自己的這個愛好和努力。《我的創作和生活》中這樣寫到：「這時，我讀書有兩個嗜好，一是考據，一是歷史。爲了這兩個嗜好的混合，我像苦修和尚，發了個心願，要作一部中國小說史，要寫這部書，不是光在北平幾家大圖書館裏可以把材料搜羅全的。自始中國小說的價值，就沒有打入四部、四庫的範圍。這要到民間野史和斷簡殘編上去找。爲此，也就得多轉書攤子，於是我只要有功夫就揣些錢在身上，四處去逛舊書攤和舊書店。我居然找到了不少，單以《水滸》而論，我就找了七八種不同版本。例如百二十四回本，胡適就曾說很少，幾乎是海內孤本了。我在琉璃廠買到一部，後來在安慶又買到兩部，可見民間蓄藏是很深厚的。由於不斷發掘到很多材料，鼓勵我作小說史的精神不少。」〔註 15〕張伍在《雪泥印痕：我的父親張恨水》中也追憶了張恨水爲寫作小說史所作的準備，「父親說，北平是個文藝寶庫，只要你有心，肯下工夫，就不會沒有收穫。蒼天不負苦心人，父親搜集了許多珍貴的小說版本，僅《水滸》一書，他就收集到了七八種不同的版本，就連被胡適先生自詡爲 124 回的海內孤本，父親在琉璃廠買到一部，後來在安慶又買到兩部。又如《封神演義》，只在日本帝國圖書館裏有一部許仲琳著的版本，國內從未見過，父親居然在宣武門小市上，買到一套朱本，上面也刻有『金陵許仲琳著』的字樣，只可惜缺了一本，若是找到這本及其原序，那簡直就是一寶了。父親不僅在犄角旮旯的書攤小市上去找，也到一些私人收藏家去看，他曾在一位專門收集中國小說的馬毓清先生那裡，見過一部《三刻拍案驚奇》。這些挖掘出來的寶藏，使父親受到了極大的鼓舞，他覺得寫小說史的心願能夠實現了，感到無比的興奮和欣喜。不料就在他準備全身心投入到《中國小說史》的寫作中去之時，『九一八』國難來臨，他辛苦搜集到的寶貴資料，後來都毀於戰火之中，此後，他再也沒有經濟能力，也沒有精力去尋覓那些珍貴無比的小說史料了。父親要寫《中國小說史》的心願，終究只是一個心願！」〔註 16〕

〔註 14〕張伍：《雪泥印痕：我的父親張恨水》，瀋陽：春風文藝出版社，2006 年版，第 91 頁。

〔註 15〕張恨水：《寫作生涯回憶》，合肥：北嶽文藝出版社，1993 年版，第 128 頁。

〔註 16〕張伍：《雪泥印痕：我的父親張恨水》，瀋陽：春風文藝出版社，2006 年版，第 91～92 頁。

實際上，即便是1930年2月辭去《世界日報》編務工作之後，張恨水的閒暇時間只能說是相對寬鬆一些，他仍有許多「文字債」。「他每天從上午 9 點開始寫作，直至下午六七點鐘才停筆。晚飯後，偶爾和母親去聽場京戲或看場電影。否則仍是繼續寫稿到深夜 2 點。這一時候可以說是他的創作高峰期，寫下了大量的膾炙人口的作品，像被人們稱之爲『張恨水三大時代』的《黃金時代》（後易名《似水流年》）、《青年時代》（後易名《現代青年》）、《過渡時代》及《滿江紅》、《落霞孤鶩》、《美人恩》、《歡喜冤家》（後易名《天河配》）、《楊柳青青》、《太平花》、《滿城風雨》、《北雁南飛》、《燕歸來》、《小西天》、《藝術之宮》等等。」〔註 17〕雖然同時爲幾家報刊寫稿，但仍要負擔一家十幾口人生活的張恨水並非真的有閒並且有錢，作爲職業編輯和作家的他，其實沒有必要去做著述文學史這種耗時耗力而且不能立即有所收益的事情。這就有必要追問，完成一部中國小說史在張恨水心目中到底有多重要？它在張恨水整個文學創作歷程中處於怎樣一個位置？

創作小說史的動機，必然是由一系列問題開始，並在解答這些問題中展開「史」的敘述。首先，張恨水對小說史著述的心願完全處於對中國文學歷史的獨到理解。「他認爲中國小說，始終未能進入中國『文學殿堂』，在追求仕途經濟的人人先生們眼中，稗官小說不過是『雕蟲小技』，『四部』、『四庫』那樣的正史中絕無其立身之地。只能到民間的野史和斷簡殘編中去尋找。」〔註 18〕爲中國以往不被重視的中國小說著述寫史，發掘、還原小說應有文學史地位是張恨水寫作《中國小說史》的直接願望，也是最大的動力，並且他更進一步地將問題具體到提高中國通俗小說的文學史地位上。由張恨水爲準備小說史寫作而搜集的資料來看，他所關注的小說是中國古代通俗小說，比如《水滸傳》、《封神演義》、《三刻拍案驚奇》，也就是說，他想寫的是一部中國通俗小說史。近代以來，一批思想革命的先驅試圖以小說爲工具啓發民智，進而達到政治變革的目的。因此，中國小說變革面臨的一大任務就是提高小說地位，使小說進入文學殿堂，得到社會認可。晚清，梁啓超倡導的「小說界革命」使「君子弗爲」與被稱爲「小道」的小說負載起社會啓蒙

〔註 17〕張伍：《雪泥印痕：我的父親張恨水》，瀋陽：春風文藝出版社，2006 年版，第 91 頁。

〔註 18〕張伍：《雪泥印痕：我的父親張恨水》，瀋陽：春風文藝出版社，2006 年版，第 91 頁。

的任務被推至文學的中心。張恨水提高小說地位的著眼點顯然有別於梁啓超的啓蒙目的，他將眼光回溯到中國傳統通俗小說的資源中，試圖發掘以往被遮蔽的通俗小說這一文學資源，並以此開啓了自己對中國傳統章回小說的改良之路。

爲了寫作小說史，張恨水認眞研讀過魯迅的《中國小說史略》和鄭振鐸的研究文章，他將自己初步的一些研究體會寫成了《小說考微》發表於 1932 年 7 月 25 日的北平《晨報》：

> 予嘗謂中國小說家之祖，與道家混。而小說之眞正得到民間，又爲佛家之力。蓋佛教流入中國，一方面以高深哲學，出之以典則之文章，傾動士大夫；一方面更以通俗文字，爲天堂地獄，因果報應之說，以誘匹夫匹婦。唐代以上，乏見民間故事之文，否叫通俗文字既出，自慰民間所欣賞。而此項文字，冀便於不識字之善男信女之口誦，乃由佛經偈語脫化，而發爲韻語。在敦煌文字中，今所見太子贊與董永行孝等文，即其代表也。惟故事全用韻語，或嫌呆板，於是一部分韻語故事，間加散文，蓋套自佛經中之「文」與「偈」而成者。久之，又變爲兩體，一部分韻語減少，成爲詩話詞話，一部分仍舊，而彈詞生矣。〔註 19〕

這篇研究札記考證了通俗小說的淵源，顯示出張恨水對小說研究初步的學術積累。

文學創作與文學史著述屬於完全不同的兩個事業，完成它們所需要的個人資質、心性、文學積澱等方面的素質也是頗爲不同的。寫小說要求敞開思維、發揮想像、著力渲染，而以「考據」與「歷史」爲兩個基點的文學史著述則要求具備做學術研究的平達通識、顧及全局。這兩方面的素質在同一個人身上往往很難達到統一和平衡。作爲一個才思敏捷、想像力豐富、擅長編故事的小說家，我們很難設想，張恨水能如此沉浸於古書堆中，冷靜地辨識、考證書的各種版本。天馬行空的文學創作與冷靜嚴密的學術著述兩者很難兼得，加之戰時世事巨變，張恨水寫作中國小說史的心願也一直被擱淺了，只是對於這個懷揣已久的心願，他心有不甘，所以後來不斷提及此事。只是後人無法看到一部獨具特色的中國小說史，不免令人遺憾。但通過這個未完成的心願，亦可以發現張恨水對通俗小說文體的自覺意識。

〔註 19〕張恨水：《小說考微》，見《晨報》，1932 年 7 月 25 日。

三、現代通俗小說理論研究的初始階段：通俗小說家的文學史

民初至民國二、三十年的通俗小說理論可以說既豐富又貧乏。說它豐富，是因爲當時已提出了許多不同於傳統古典通俗文學的新命題；說它貧乏，是因爲這些命題大多沒有展開深入、系統的論述，多是停留在直觀感受和常識性表述階段。此時，小說理論所使用的論述方法與中國傳統小說批評家一樣，大都習慣採用序跋、隨感、評語、「發刊詞」、「小說叢話」等形式，隨感性的發表關於小說的理論見解。例如，梁啓超《新中國未來記》緒言、《小說叢話》，李伯元《中國現在記》楔子，《月月小說》發刊詞，《小說林》發刊詞等等涉及文學理論的序跋、隨感大量出現。到了 1960 年代，鄭逸梅《民國舊派文藝期刊叢話》和范煙橋《民國舊派小說史略》依然採用從創作經歷出發，以感性的話語方式論述文學理論的著述範式。中國現代通俗小說理論研究在 1949 年以後經歷了三個階段，第一階段是從 1949 年至 1960 年，代表性的成果便是上文提及的《民國舊派文藝期刊叢話》、《民國舊派小說史略》以及張恨水的《我的創作和生活》一文。1960 年代，與張恨水出生於同一時代，並且同樣以通俗小說家身份行走文壇的鄭逸梅（1895～1992）、范煙橋（1894～1967）完成了民國通俗小說理論建構的嘗試。鄭逸梅《民國舊派文藝期刊叢話》（1961）、范煙橋《民國舊派小說史略》（1962）這兩部論著均是在歷史敘述的基礎上，昇華出關於通俗小說的理論認知。書中通過對各自親身經歷的民國歷史和相關文學活動的回憶、總結，觸及到關於通俗小說與社會生活、通俗小說的眞實與虛構之關係的諸多理論問題。此外，它們所提供的文學史料也爲後學研究通俗小說的本體特徵奠定了基礎。1963 年，張恨水完成回憶自己人生歷程的文章《我的創作和生活》。這篇長文與鄭逸梅、范煙橋的著述思路頗爲相似，依舊從作者創作經歷的追述中勾連起相關的文學活動並由此延伸及對小說理論問題的探討，比如對章回小說的理論論述，對武俠小說的歷史淵源與發展等問題在書中均有所涉及。

張恨水有關文學理論的論述幾乎沒有形成專門的、系統的論著，除了《我的創作和生活》這篇文章之外，涉及其文學觀以及小說理論的論述多散見於他的散文、小說序跋中。近代以來，由作家本身論述文學理論的現象非常普遍。民國時期，通俗理論的相關論述，多出自於身爲通俗小說家的作家之手，他們具有非常豐富的創作實踐經驗。從實踐出發，隨感式地論說有關通俗文學創作的相關問題，是當時許多通俗小說家採用的方式。可以說，這既是民

國通俗小說家表達文學觀念的特殊方式，但也極具自身的局限性。相對零散、缺乏理論深度的點論抑制了後來通俗文學理論系統建構的進程。但是，這些作家自述爲後人保留了最生動和鮮活的歷史資料，它們是當今研究者建構現代通俗文學理論必須重新返回的歷史現場與理論原點。因此，剖析張恨水的文學觀還需重新回到這些零散的相關論述中。

參、民國視野下的少數民族作家身份價值定位及其啓示
——以沈從文、老舍爲例

彭　超*

【基金項目】

本文爲四川省「2011 高等教育質量工程」項目（編號：川教函 2011-659 號）和西南民族大學 2012 年高等教育改革項目：「地方文化與中國文學之關係及其當下意義」（編號：2012YB17）的階段性成果。

摘要：本書以沈從文、老舍的文學創作爲切入點，透視民國時期少數民族作家文學創作，探討民國視野下的少數民族作家身份價值定位及其現代啓示，論文從民族觀念與作家文學創作、文學與政治、作家社會地位與文學創作三方面論證。民國知識分子在社會中屬於精英階層。精英意識使作家自覺站在國家民族的高度審視國民性，在不同文化衝突中考察人性，因而文學創作向「深」的開掘與向「廣」的拓展，具有思想的深度與視野的廣闊。

關鍵詞：民國視野，少數民族作家，精英意識，身份價值定位

* 彭超，文學博士，西南民族大學文學與新聞學院副教授。

老舍與沈從文兩位少數民族作家在中國現代文學史上具有不可替代的價值意義。他們在海內外皆具有大的影響力。這兩位作家都曾與諾貝爾文學獎失之交臂，未能獲獎原因都是因爲諾爾貝文學獎不能頒獎給故人。老舍以「含淚的微笑」關注他所熟悉的老中國的兒女們。沈從文則用抒情的筆調創造了一個讓人嚮往的世外桃源——「湘西世界」。老舍在解放後被評爲「人民藝術家」。沈從文因多種原因一度被忽略，但其文學影響力歷經時代潮流的大浪淘沙之後反而益加凸顯。就創作延續性而言，當代作家汪曾祺創作深受其影響；就其學界影響而言，對其的學術研究也是碩果累累；從社會效應而言，其家鄉因爲其文學創作成爲許多文人雅士踏足的地方，極大地提升了當地旅遊經濟效應。作爲滿族人的老舍與作爲苗族人的沈從文，他們的文學創作爲何會取得如此優秀的成績，在民國視野下考察他們的身份價值定位並探析其緣由，看作家身份價值定位與文學創作之間的關係，進而思考今天多元化文化背景之下的少數民族作家創作，探尋民族文學的未來之路。

一

華夏民族是由多個族群彙聚而成，文化形態既有主流的表徵，也有各少數民族獨具特色的文化生態。當作家作爲華夏民族的代言人時，他思考的是整個國家民族的發展，當他作爲所屬少數民族代言人時，他往往聚焦於本民族的文化發展。由於著眼點不同，前者文學創作視野會較後者更會宏大，後者的創作成爲前者的堅強基石，所以兩種創作風格相互相成，共同組成絢麗燦爛的中國文學。民族觀念會因政治、文化環境不同而不同。民族觀念與作家文學創作存在密切關係。

民國時期，中國瀕臨瓦解滅亡的危險處境，有志知識分子都在思考我們民族的走向。一致對外抵抗帝國主義國家的入侵與反思民族衰落的緣由。這使「中國人」概念具有超強的凝聚力。內憂外患的困境使民國少數作傢具有強烈的華夏民族整體觀念，文學寫作以審視國民性爲指向。

沈從文、老舍兩位作家都曾處在社會底層，對底層人民的生活較爲熟悉，但由於生活經歷不一樣，因此筆下的社會底層也展現出不同的面貌。沈從文「北漂」到北京，一無錢財，二無社會關係，通過賣文爲生，處於生存窘困的極限。雖然他爲胡適、徐志摩等社會名流賞識而被吸收接納入上流社會。但是經歷的艱辛，遭受的白眼，使沈從文對上流階層的虛僞感受頗深。置身北京，遙想遠在祖國邊陲的湘西，那無疑便成爲沈從文夢想的世外桃源，成爲孤獨心靈的慰藉。筆下知識分子的虛僞與湘西人民的淳樸構成一組鮮明對比色彩的人物畫廊。這是沈從文以鄉村文明來抵制都市文明。他創造的「湘西世界」，與其說具有地理版圖的意義，不如說具有文化版圖的意義。供奉美好人性的希臘小廟，是處於現代都市文明中人們的共同精神家園。正是在此意義上，作爲苗人的沈從文以本民族、本地區的人、事、物爲對象的小說創作，具有了超越性，具有人類的樸實性價値觀與美好的烏托邦想像，因而能夠引起眾多讀者的共鳴。沈從文在鄉村文明與都市文明的兩級對立中，發現了都市文明對健康、優美人性的戕害，鄉村文明讓人們在樂天知命同時也停滯不前。小說文本中對地方民族的風俗描寫，沒有被貼上特有的「苗族」標簽。那單純、質樸的人際關係，那不染世俗的純淨，是置身於工業文明中的人們的共有精神家園。老舍筆下的北京小市民，也已經消泯了滿族、漢族或苗族等小民族特性，而具有了華夏民族老中國兒女們的共性。老舍在西方文明與東方文明中對照中，既緬懷於東方文化中美好的親情倫理關係，也發現了老中國兒女苟且偷安、妥協、退讓的歷史重負。老舍、沈從文在文化反思中，共同發現了導致華夏民族落後於西方的國民性——消極怠世、停滯不前。

中國老百姓在共產黨率領下於1949年建立具有獨立主權的國家——中華人民共和國。中國人終於可以不再看外國人在自己家園內囂張跋扈，可以揚眉吐氣地做自己的主人。中國在沒有外患的前提下，注重發展國內的經濟民生。中華人民共和國是一個社會主義國家，非常注重各區域、各民族之間的平衡發展，走共同富裕之路。由於一些少數民族地區長期處於落後狀態，政府爲加快各民族發展制定了各種優惠政策。在振興經濟的同時，鼓勵各民族發展自己的文化，因而在當代文壇出現了非常活躍的少數民族作家創作隊伍，例如，苗族詩人何小竹，彝族詩人阿庫烏霧、吉狄馬加，藏族作家阿來、亮炯・朗薩……

當代的中國是一個開放的中國，我們敞開國門與世界各國人民往來。在這樣開放的國際環境中，民族觀念被進一步強化的同時，出現了兩種情況：一是更具開放意識的民族觀，二是民族觀念的日趨保守性。

開放意識的民族觀表現爲對民族文化的探尋融入了全球視野，具有了人類意義眼光，當代藏族作家阿來的寫作便是這樣的例證。阿來的小說創作以藏族人民的生活爲描寫對象，但是意義指向沒有僅僅停留在本民族層面。阿來在很多場合都公開表示，他不僅僅是「藏族」作家，更是「作家」。這意味著阿來的寫作是以藏族人民的生活爲描寫對象，但並不局限於此，在思考民族歷史走向時，上昇爲對人類歷史走向的思索。阿來的代表作《塵埃落定》，眞實再現了藏區人民的生活，從人性的角度寫出了藏區兒女的愛恨情仇，同時也以寓言的方式表達了人類對於歷史走向的混沌感。阿來對於「人」的思考，在小說文本中最終指向了對於人類命運的思考。同樣置身於開放、多元的時代文化背景之下，部分少數民族作家的創作呈現出民族觀念的保守性。將本民族文化的發展與漢族文化的發展對立起來，認爲漢文化消融了本民族文化。這種民族觀念一方面源於詩人對於本民族文化的深深熱愛，另一方面也反映了面對本民族文化式微的危機感。其實漢文化與各民族文化非但不衝突，反而在相互交融中促成文化的進一步發展。或擅長詩詞，或更擅歌舞；或儒雅含蓄，或更具奔放生機活力……非但漢族如此，彝族、羌族等都是這樣，整個華夏民族就是因爲有各種生態的文化交匯才煥發幾千年的生機，得以延續，成爲人類歷史中唯一延續不斷的文化脈絡。其實，當前以美國爲首的西方強勢文化席卷全球，不僅彝文化、苗文化以及漢文化深受影響，地球每一個角落都受其影響，面臨被同化的危險。當前西方世界的文化殖民以「人權」爲旗號強行在世界各地推行。或許當西方以武器進攻時會激起國人的同仇敵愾，而當以看似和平的方式進行文化殖民時卻讓人們喪失了警惕性。所以與其對漢文化詛咒，不如思考西方的文化殖民帶來的民族觀。

當然，作家的「民族意識」得以強化，在某種程度上也局限了作家的寫作，使作家創作聚焦於本民族文化而忽略了人類意識眼光，阻礙作品具有更寬廣的視野，例如，當代回族作家張承志的文學創作。他在市場經濟高潮的衝擊下，文學創作依然高舉理想主義旗幟，呈現出堂吉柯德似的悲愴。但是張承志文學創作的人文關懷愈來愈以本民族爲焦點，其《心靈史》具有濃厚的宗教色彩，在回民中具有無以替代的影響。但是與沈從文比較，便可見出張承志的局限性。強烈執著而帶保守性的民族觀使創作難易由「個」走向「類」，因而小說意義停留在描寫對象層面而難以上昇到人類眼光。

二

文學與現實的關係，一方面表現爲文學與政治的緊密結合，另一方面表現爲文學與政治的疏離。文學與政治的緊密結合中展現爲兩種狀態，一種是政治綁架文學，文學爲政治服務；另一種是文學干預政治，引導歷史的走向。

民國時期是中國特殊的歷史時段，文學與政治的關係主要表現爲文學干預政治。民國時期是中華民族災難深重的多事之秋。內外交困的處境讓中國知識分子多具濃厚的憂患意識。憤怒出詩人，強烈的愛國民族情感孕育了眾多優秀作家。魯迅由電影事件引發的憤而棄醫從文，郭沫若爲改變不公正的社會制度決定以文學爲武器從事社會革命，巴金文學作品深刻展示封建禮教對人性的戕害達到對舊制度的討伐，茅盾直接將社會歷史的走向以大綱形式寫在小說中……

對國家民族災難的憂患意識使知識分子開始反思、自省，審視我們延續幾千年的儒家文化，以及被這文化薰陶的國民性。民國年代，京派文人多主張文學遠離政治，但這並不代表他們缺少對現實的關懷。作爲京派代表作家的老舍與沈從文，雖然不擅長於從階級政治的角度表現歷史洪流，但其文化批判蘊含了深刻的現實關懷。沈從文在創造理想「湘西世界」時，發現這一承載人類理想精神家園的文化模式其實具有悲劇性的存在。人們在樂天知命同時，也具有逆來順受的負面性，這導致人們無力抵抗悲劇命運的發生。《邊城》中的翠翠便是這樣一個美好而悲劇性的人物。而這樣的文化性格特徵不獨「湘西世界」獨有，而是整個老中國兒女們的性格特徵，這在老舍筆下得以深刻揭示。老舍的《四世同堂》揭示華夏民族爲何爲淪落至帝國主義列強們的踐踏之下，其重要原因在於傳統文化賦予國民因循守舊、忍辱負重的文化性格導致缺乏進取、抗爭精神。「不進則退」，華夏民族在不自覺間便已經遠遠落後。

老舍、沈從文對現實的關懷，使其創作具有了向內挖掘的深度。文學作品從人性的角度揭示民國時期國民的精神狀態，達到了思想啓蒙的作用。他們在揭示國民灰色精神生活時同時，也預示了華夏民族復興之路的方向，即華夏民族必須改變閉關鎖國的保守心態，以開放、包容的姿態吸收外來文化的先進理念，對傳統文化批判性的吸收，創造適應時代的新文化。因爲民國的政治、文化環境，老舍、沈從文對於自身的身份定位不是滿族文化的代言人，也不是苗族文化的代言人，而是中華民國知識分子身份。這樣的身份價值定位，自然使得他們筆下的文學世界立足於所屬民族、階層，但又超越於本民族、本階層，具有宏大的視野。

當前少數民族文學成果累累，但與此同時，一些少數民族作家對於文學創作存在一定的誤區，認爲少數民族作家一定要成爲本民族的代言人，因此對於本民族文化的展示成爲創作的唯一宗旨。這無疑具有畫地爲牢的危險，使文學作品整體格局日趨狹窄。保存民族文化是一項重要的歷史使命，也是少數民族作家捍衛本民族文化的責任與義務。保存民族文化的目的，是爲了實現文化的多元化，因此不同民族的文化不存在牴觸性。而且，一種民族文化若想能延續，也必須具備開放的姿態，不斷吸收外來文化注入新鮮血液。漢文化，實質上是一種混合了多種民族文化因子在內的綜合性文化。唐朝的李氏皇族便是漢族與鮮卑族的混合體，元朝統治者爲蒙古族，清朝統治者爲滿族。當前的傳統服裝旗袍，便是滿族服飾的延續。今天，在西方文化強勢進入中國之際，一方面需要以文學的形式保存我們的民族文化，但也不能使文學作品成爲純粹的展覽，滿足一部分讀者的獵奇欲望；另一方面，在立足本民族文化基礎之上，以更寬闊的視野思考華夏民族的未來、人類的未來。唯有此，才可能產生更多像沈從文、老舍這樣偉大的作家。

三

社會地位與知識分子的自身價值定位之間存在密切的關係。民國知識分子（本書主要指高校教師）在當時無疑是社會精英。從社會地位角度看，當時大學教育屬於精英教育，指導未來社會精英的高校教師無疑是精英中的精英。從經濟角度分析，他們的經濟收入水平是當代知識分子望塵莫及的。當時一名高校教師的收入不僅可以養活一大家子人，還可以請傭人，讓一家人很體面地生活。當時一名公務員每月收入通常約爲三十大洋左右，而高校教師一月每月收入約兩三百大洋。從物價指數看，當時人均月消費指數約八元大洋，所以，民國知識分子完全可以憑一己之力讓全家過著優裕的中上階層生活。

按照馬克思主義辯證唯物主義觀點，物質決定意識，民國知識分子的高收入強化了他們的精英意識。當知識分子不用爲個人生存狀況憂慮時，他們可以專注於學術，將視野聚焦到國家民族的發展，關注人類文化的發展。這使他們的視野更爲闊達，思想境界更爲高遠。沈從文、老舍自然也便是這精英階層一族。位於社會中心的他們，與今天北漂一族有著完全不同的心態。自小生活在北京的老舍，創造出京味十足的文學作品。沒落的旗人，成爲老舍文化批判對象之一。沈從文雖然剛到北京時貧困潦倒，但是一年之後，他便成爲許多初到北京的青年人的拜訪對象。處於社會名流之中的沈從文當然不會有社會邊緣人的感覺。沈從文、老舍的精英身份價值定位，使他們超越小民族意識，從人的角度進行文化反思，在反思中，發現了東方文化的負面性，發現了美好「湘西世界」中人們的悲劇性命運。

中華人民共和國成立以後，由於極左思想的影響，相當長一段時間，知識分子命運發生了顛覆性的變化，由啓蒙者變成被改造、被教育的對象，並成爲被批鬥的對象。儘管二十世紀八十年代初曾經有過知識分子短暫的輝煌時期，但如流星一樣轉瞬即逝。之後在市場經濟浪潮中又被擠壓到社會邊緣。知識分子引以爲傲的精英意識幾乎消失殆盡。知識分子身份的位移，導致文學作品的市場化、市民化趨勢日益明顯。在整個知識分子被逐漸邊緣化的今天，少數民族作家由於多身處邊遠落後地區，因而其邊緣意識被進一步強化，由此導致一種與主流抗爭的潛意識。其文學創作多表現爲專注於本民族文化身份的確認和張揚，如「我是這片土地上用彝文寫下的歷史／……呵，世界，請聽我回答／我——是——彝——人」〔註 1〕。或以多方努力挖掘本民族文化的內涵，來與其它文化相抗衡，如「我要尋找／被埋葬的詞／……／是祭師夢幻的火／它能召喚逝去的先輩／它能感應萬物的靈魂／我要尋找／被埋葬的詞／它是一個山地民族／通過母語，傳授給子孫的／那些最隱秘的符號」〔註 2〕。或哀歎爲本民族文化的式微，如「我眞正脫離自己的母體／是在雷電劈開葫蘆的夜晚／那時　雷電也被銅網所縛／那時　海水重新泛濫成災／……／世界　不再圓滿我　有家難歸」〔註 3〕

以民國視野下的少數民族作家的身份價值定位反觀當代少數民族作家的文學創作，可以看到作家身份價值定位對文學創作具有非常密切的關係。民國時期，少數民族作家以中華民國知識分子定位，具有濃厚的精英意識，站在國家民族、人類文化發展的高度創作，在文化批判中反思國民性，既具有強烈的現實關懷，也具有美好的烏托邦想像，爲讀者營造可以棲息的精神家園。「小我」與「大我」的結合，方使作家既能寫出人性的眞實，展示生命的喜怒哀樂，也不會拘泥於風花雪月的小小世界，而具有宏大的國家民族視野；在揭示時代風向時，不會陷入政治文學的泥淖，而以具體可感的生命形態展示歷史的必然。

〔註 1〕吉狄馬加：《自畫像》，唐曉渡、張清華編選：《當代先鋒詩三十年：譜系與典藏》，江蘇文藝出版社，2012 年版，第 677～678 頁。

〔註 2〕吉狄馬加：《被埋藏的詞》，唐曉渡、張清華編選：《當代先鋒詩三十年：譜系與典藏》，江蘇文藝出版社，2012 年版，第 676～677 頁。

〔註 3〕阿庫烏霧：《重遊》，唐曉渡、張清華編選：《當代先鋒詩三十年：譜系與典藏》，江蘇文藝出版社，2012 年版，第 671 頁。

肆、從性別客體到性別主體：民國男作家想像女性基點的轉換——以五四男作家敘事中的女性形象為例

譚　梅*

摘要：自從上世紀八十年代以來，西方女權主義理論被學界廣泛接受之後，面對男性文本，女權主義批評的經典思路是對拒性閱讀。她們認為在男性作家那裡，女性形象僅是一種介質，一種對象性的存在，一個空洞的能指，所以她們總是被男性創造者按照自己的意志進行削足適履的扭曲變形。這種觀點的歷史洞見性是毋庸置疑的，但它將古代男作家與民國男作家想像女性的基點混為一談、且對民國男性作家內部不加辨析的做法又是有失公允的。本書認為，在民國時期，女性形象在男性文本世界裏已大體完成了從古代到現代的轉換。民國男作家由於他們所處的令人憂患的生存環境以及現代精英知識分子的身份決定了他們不得不跳出傳統的性別秩序範疇、思考並倡導與時俱進的性別話語。同時，現代女性作為一個性別群體異軍突起，在「民國機制」的場域下，男女對話的趨勢已然開啓，在這種局勢下，男作家不得不調整自身的女性觀。事實上，在文本中，他們對女性的理解力以及對女性意識的表現已經顯示出了大幅度的提高。

關鍵詞：性別主體，民國男作家，女性形象

* 譚梅，成都大學師範學院教師，四川大學文新學院中國現當代文學專業的博士研究生。主要研究方向：現代文化與現當代文學。

一、習慣性的誤讀

自從上世紀八十年代以來，西方女權主義理論被學界廣泛接受之後，面對男性文本，女權主義批評的經典思路是抗拒性的閱讀。因爲她們認爲「正如西蒙·波伏娃發現的那樣，在過去許多作家，特別是男性作家那兒，女性形象變成了體現男性精神和審美理想的介質，由於女性形象在文學中僅是一種介質，一種對象性的存在，一個空洞的能指，所以她們總是被她們的男性創造者按照自己的意志進行削足適履的扭曲變形。」〔註 1〕出於對這種扭曲的、空洞的女性書寫的抗拒，女權主義者要求女性讀者變革閱讀方式，從以前的贊同性閱讀轉換成抗拒性閱讀，以此來反叛自己受支配的地位。這種觀點的歷史洞見性是毋庸置疑的，但它將古代男作家與民國男作家想像女性的立場混爲一談、且對民國男性作家內部不加辨析的做法又是有失公允的。尤其值得注意的是，這種籠統的抗拒型清算式的閱讀、理解與批評男性文本的方法及其衍生出來的男女二元對立的研究思路對中國女性主義文學研究影響巨大。孟悅、戴錦華《浮出歷史地表——現代婦女文學研究》、劉慧英《走出男權傳統的樊籬——文學中男權意識的批判》、林丹婭《當代中國女性文學史論》、常彬《中國女性文學話語流變 1898～1949》、李玲《中國現代文學的性別意識》等等著作無一例外的採用了男女二元對立的研究思路。

如果說，孟悅、戴錦華《浮出歷史地表——現代婦女文學研究》這本專著是這一研究思路的開創之作與經典範本，它第一次以別開生面的研究方法與犀利而精彩迭出的學術洞見不僅爲自己贏得了聲譽，還讓我們對專制的男權社會有了較爲深刻的理解。那麼，隨後的跟風之作，除了情緒化的重複這一洞見之外，更多的是由此嚴重遮蔽了兩性能相互溝通、相互理解的可能性。比如，劉慧英《走出男權傳統的樊籬》，通過回顧「中外女性文學中存在的幾種故事程式」，旨在揭示「女性自主意識在這些故事中之被壓抑被忽略，來認識作爲人的女性的基本生存權利和願望是如何被男權主義所抹煞和剝奪；作爲女性的人的主體意識又如何爲主導意識形態所替代和淹沒——總之，女性形象被男權文化賦予了種種意義和價值，女性的自我之聲卻被抹煞和壓制了。這造成了男權文化構造中女性自我的空洞化。」〔註 2〕這種研究思路極端

〔註 1〕張岩冰：《女權主義文論》，山東教育出版社，2002 年版，第 57 頁。

〔註 2〕劉慧英：《走出男權傳統的樊籬》，北京：三聯書店出版，1995 年版，第 16 頁。

化之後的偏執是顯而易見的。首先，大多女性文學批評囿於自然性別的差異，突出性別對立等等「老問題」。她們止於發現男權、批判男權這一寬泛的批評，不僅忽略了女性作爲主體自身的反省與建設，而且也忽略了男性對於女性文學所作出的努力。其次，在研究方法上，在很多女性文學具體的批評實踐中，學界不僅抽象的談論性別問題，並且有意無意的採用二元對立的思維模式，而不是回到當時的歷史場景中結合多種因素有序的進行階段性的全面的觀察。這種研究方法的結果就是將性別問題懸置起來籠統討論，既不重視具體作家具體文本的細緻分析，也缺乏從廣闊的視野、多種維度上來考查性別問題。最後，在這種思路的影響下，她們很少關照男性文本，認爲男性作家難以生成女性意識，進而也難以眞正關懷女性命運。因此，在她們的著作中，對偶爾談及的男性文本很難持理性與客觀的態度，這一點從她們將古代男性文本與現代男性文本不加區別的對待即可證明。眾所周知，女性是由男性在艱辛探索現代民族國家理論與實踐的過程中被發現的，女性解放也是在這一過程中被催生的。如果男性不能設身處地深切理解與恰當的表達在當時文化環境中女性非人的處境，對女性就不能獲得「人」與「女人」的雙重發現。令人感到弔詭的是，女作家爲了獲得主流文化的認可，反而還會故意遮蔽自身邊緣性的體驗。正如王富仁先生所說「女性作家還不可能充分體現自己的女性意識則是不能忽視的歷史事實。整個漫長的文明史，都是男性中心的社會歷史，在全部社會的價值觀念和文學觀念中，都浸透著男性中心的社會歷史特徵，一個女性作家要在這樣一個文化環境中塑造自己、發展自己，才能取得一定的創作才能，也只有首先取得了這樣的一套價值觀念和文學觀念，其作品才能得到這種文化環境的認可或默認。這樣，一個女性作家的作品就不可能直接地、具體地體現自己全部的女性審美意識。這種可能性也是客觀存在的：越是女性作家，越是不便於或不敢於公開表現當時文化環境中認爲不合理的甚或醜惡的心理特徵，而越是不敢於公開表現這種獨特的心理特徵，其作品的女性意識越不能得到更充的體現」。

事實上，民國時期，女性形象在男性文本世界裏已大體完成了從古代到現代的轉換。尤其是現代男作家，由於他們所處的令人憂患的生存環境以及身兼數職的狀況，如大學教授、媒體人、公共知識分子、革命者等等，決定了他們不得不跳出傳統的性別秩序範疇、站在大寫的「人」的立場上思考性別問題，提出並倡導與時俱進的性別話語。此外，現代女性此時已異軍突起，發出自己的聲音。在「民國機制」〔註3〕的場域下，男女作家對話趨勢已然開啓。在這種局勢下，男作家不得不調整自身的女性觀。在文學作品中，他們對女性的理解力以及對女性意識的表現已經顯示出了大幅度的提高。

二、不完全物化的女性形象：五四男性文本中的女性形象再解讀

（一）田亞梅：個性解放維度上的先鋒女性

胡適的《終身大事》首開「娜拉型」女性的書寫先河，文本中女主人公田亞梅也因其第一的地標位置而獲得了大於形象自身的文化革命意義。《終身大事》主要講述了女主人公田亞梅與其同學陳先生的婚姻受到家庭阻擾的故事。有學者認爲胡適塑造的田亞梅這一女性形象看似新穎，實則是陳先生的觀念傀儡。其證據在於眞正促使她作出「出走」這一決定的不是別物，而是陳先生給她的字條。「田亞梅正是在男友字條的鼓勵和暗示下才出走的，連反叛話語都來自於陳先生的教導。作者安排田亞梅「（重念末句）『你該自己決斷！』」，立即又轉換主語再次重複道：『是的，我該自己決斷！』似乎是一次自我內化的規訓儀式。」〔註4〕的確，在田亞梅「出走」這一決定中，陳先生的紙條是一個十分關鍵的因素。但是，我們必須要明白一個古老的道理，外因通過內因才能起作用。啓蒙的力量再大，如果當事人無動於衷的話，也無濟於事。田亞梅這一人物形象全部的藝術魅力就在於她是中國第一位自身行動起來、摔門而出的新女性。她才是「出走」這一行爲的主體。如果將她與五四女作家筆下的女性形象進行對比的話，更能顯示出其意義所在。「在廬隱的本書中除了情智衝突的困境，幾乎沒有傳統敘事所必需的動作與行動。她的主人公的行動（相愛、結合、組織新式家庭）永遠屬於外本書敘事範疇，而在本書中她們則永恒地處在前途未卜的幽冥地帶。」〔註5〕也就是說廬隱們的作品總是傾向於表現女人們自身痛徹心扉的喃喃自語，而故意規避時代的動蕩與矛盾激烈鬥爭的過程。因此，讀者就無法知曉才華橫溢的沁珠如何發

〔註3〕李怡在《「五四」與現代文學「民國機制」的形成》中談道：「『民國機制』至少有三個方面的具體體現：作爲知識分子的一種生存空間的基本保障，作爲現代知識文化傳播渠道的基本保障以及作爲精神創造、精神對話的基本書化氛圍。」

〔註4〕張春田：《「娜拉型」話劇中的「出走」及性別焦慮》，《南京師範大學文學院學報》，2009年6月第2期。

〔註5〕孟悅、戴錦華：《浮出歷史地表》，北京：人民大學出版社，2010年，第35頁。

表了她第一首新詩，又是如何創辦了詩刊。即使反覆閱讀以石評梅為原型的《象牙戒指》，也無從瞭解她與時代交火而成的短暫而滾燙的一生。可以這樣說，女作家書寫出了新女性眞實而痛切的感受，但是缺乏對婚戀問題背後的權力運作進行邏輯的思考和把握。在這一層面上講，儘管田亞梅這一形象還塑造得不夠立體與飽滿，但是文本清楚的展示了婚戀自由受阻背後的文化與權力邏輯，並用充滿張力的「出走」行為彌補了這一不足。作者在易卜生《玩偶之家》的啓發下，能在散漫無邊的生活中，處理與延宕好這有質感有力量的精彩出走瞬間也是難能可貴的。自胡適推出了田亞梅這一先鋒女性之後，引發了新文學作家書寫娜拉型的女性形象的熱潮。比如魯迅《傷勢》中的子君、郭沫若《卓文君》中的卓文君、熊佛西《新人的生活》中的曾玉英、歐陽予倩《潑婦》中的素心、李劼人《死水微瀾》中的蔡大嫂、巴金愛情三部曲中的眾多新女性形象等等不勝枚舉。不僅如此，在實現生活中，出現了為了自由意志據理力爭的眞人版娜拉型的新女性。比如轟動一時的李超、趙五貞、李欣淑等等。這些女性都直接或間接的從田亞梅身上獲得力量。這都充分說明了田亞梅這一形象的有效性，她在很大程度上回答了人們的困惑並用自身的行動作出了示範。

田亞梅這一人物形象的精髓與先鋒性主要體現在「出走」這一行為形式上，「出走」行為不僅僅具有文化革命意義，更為重要的是與個體「覺醒」發生了緊密的關係。在古代的文學作品中，「出走」的敘事已經存在，不過，那個時候不叫「出走」而被稱為「私奔」。《史記・司馬相如列傳第五十七》是最早記載「私奔」敘事的：「是時卓王孫有女文君新寡，好音，故相如繆與令相重，而以琴心挑之。相如之臨邛，從車騎，雍容閒雅甚都；及飲卓氏，弄琴，文君竊從戶窺之，心悅而好之，恐不得當也。既罷，相如乃使人重賜文君侍者通殷勤。文君夜亡奔相如，相如乃與馳歸成都。」〔註 6〕據有的學者考察，古代的私奔分為兩種情況。「一是為『情』而『奔』，主要是源自於《史記・司馬相如列傳》，此類作品以卓文君為範本不過，……二是為『欲』而『奔』，主要是源自於《蔣興哥重會珍珠衫》，此類作品以王三巧為範本」。〔註 7〕無論是情奔還是欲奔，雖然都對封建婚姻觀念進行了劇烈衝擊，但是保守性在於，

〔註 6〕司馬遷：《史記》，中華書局，2006 年版，第 672 頁。

〔註 7〕宋劍華：《錯位的對話：論「娜拉」現象的中國言説》，《文學評論》，2011 年第 1 期。

其行爲意義始終沒有超出婦女人身依附的範圍。子女私奔的原因在很大程度上是與父母的擇偶標準不一樣。「問題的焦點是按照封建家長從門第、宗族關係、仕途前程等等方面來選擇，還是更多的從外貌、性情修養、興趣志向等等方面來設計自己的情侶。無論前者還是後者都是以爲婦女尋找人身依附作爲共同的目標。」〔註 8〕但是，田亞梅的行爲將私奔這一傳統舉動賦予了現代性的含義。因爲她不再僅僅是爲情而奔、或者爲欲而奔，其最爲主要的訴求是「人」作爲個體的獨立性。胡適首次在現當代文學裏，將愛情婚姻作爲一個極其嚴肅的人生問題提出來討論。通過婚戀不自由的問題，不止於暴露封建倫理文化吃人的罪惡，更爲重要的是要提醒人們，將自己從禁錮的家庭中救出來，從而找到自我的主體性。

胡適的田亞梅是戲仿易卜生的娜拉的，仔細比較這兩者之間的差異，又頗耐人尋味。娜拉離家出走，是因爲她看透了父權社會的專制與虛僞。的確，他的父親和他的丈夫都十分愛她。但是這種愛不是建立在一個生命個體對另一個生命個體的尊重基礎之上的，而是以剝奪女性的自由、權利與義務爲代價的。當娜拉意識到這種廉價的、不對等的寵物般的愛的眞相之後，激發起了她對「自我」存在的確認與找尋。而田亞梅的出走不是因爲性別衝突，而主要突出的是個人與家庭、青年與父母、新文化與舊文化之間的不可調和。隱含作者強調的是青年女性，包括青年人，對反抗家庭專制式個性解放的訴求。與古代男性作家相比，現代男性作家以這樣的角度來想像女性，這不得不說是一個巨大的進步。但是，我們也要看到，如果缺少性別的維度，「個性主義」也難以深入探討，這也是胡適的田亞梅總給人感覺在平面上滑行，終難與易卜生的娜拉媲美的原因之一。

（二）子君：性別維度下再度緘默的新女性

如果說田亞梅是胡適在個人主義維度上書寫的先鋒女性，她更多的承載著作者對新女性的鼓動與召喚，那麼，魯迅則通過《傷逝》中子君這一人物形象的書寫，在景深鏡頭中透析了新女性層層疊加的生存困境。按照當代敘事學的觀點，對人物形象的書寫主要有三個層次，一是人物本身，這屬於故事層次；二是人物之間的關係，這也屬於故事層次；三是塑造人物的手法，這屬於話語層次。很顯然，魯迅對子君這一人物形象的著力與寄予的深意主

〔註 8〕孫紹先：《文學創作中婦女地位問題的反思》，《當代文藝思潮》，1986 年第 4 期。

要通過後兩個層次折射出來，隱含作者很少對子君進行正面的可靠敘述，主要是將她放在人物之間的關係中通過敘述修辭來書寫。也就是說，魯迅對子君的塑造不是由內而外的顯示法，而是由外而內的透視法。〔註 9〕具體說來，主要從以下三層關係中塑造子君。一是子君與以胞叔爲代表的一批次要人物的關係。在《傷逝》中，除了男女主人公外，還存在著一批時顯時隱的次要人物。比如：子君的胞叔和父親、局長、房東太太、「替我膽怯，或者竟是嫉妒的朋友」、「穿布底鞋的長班的兒子」、「常常穿著新皮鞋的鄰院的搽雪花膏的小東西」、「鮎魚鬚的老東西」、路人等等。在文本中，這些人物沒有自己的名字，更沒有個性化的特徵，他們共同承擔著相同的敘事功能，即傳統社會的代言人。很顯然，無論是思想觀念還是價值立場上，這些人是站在子君與涓生的對立面的。然而，面對傳統社會布下的天羅地網，子君從來沒有退縮過。面對胞父的阻撓，她大膽的宣佈「我是我自己的，他們誰也沒有干涉我的權利」，以至於涓生都感歎到「這幾句話很震動了我的靈魂，此後許多天還在耳中發響，而且說不出的狂喜，知道中國女性，並不如厭世家所說那樣的無法可施，在不遠的將來，便要看見輝煌的曙色的」。王富仁先生曾說「假若沒有外界的更大壓力的話，涓生原來是可以依靠這種人道主義的同情和理智的道義觀念將二人的表面和睦關係支持下去的。」〔註 10〕然而，在新青年與舊傳統這對極不平等、實力懸殊巨大的二元對立關係中，注定了「社會對涓生和子君婚戀悲劇的作用也不只是觸發式的，從某種意義上講，也是決定性的。」〔註 11〕事實上，子君與涓生也時刻感到無孔不入的巨大社會壓力。作者在新女性與舊勢力這對傾斜的結構關係中書寫子君，其用意是十分明顯的。除了肯定老生常談的追求自由戀愛，個性解放等等要義之外，作者是想讓更多的子君們看清飛蛾撲火的現實，不要在殘酷的現實生活中輕易扮演娜拉，作出無謂的犧牲。「尤其是中國的，——永遠是戲劇的看客。……北京的羊肉鋪前常有幾個人張著嘴看剝羊，彷彿頗愉快，人的犧牲能給與他們的益處，也不過如此。而況事後走不幾步，他們並這一點愉快也就忘卻了。對於

〔註 9〕王富仁：《中國反封建思想革命的一面鏡子——〈吶喊〉〈彷徨〉綜述》，中國人民大學出版社，2010 年，第 258 頁。

〔註 10〕王富仁：《中國反封建思想革命的一面鏡子——〈吶喊〉〈徬徨〉綜論》，北京師範大學出版社，1996 年版，第 123 頁。

〔註 11〕曹禧修：《論〈傷逝〉的結構層次及其敘事策略》，《學術月刊》，2005 年第 1 期。

這樣的群眾沒有法，只好使他們無戲可看倒是療救，正無需乎震駭一時的犧牲，不如深沉的韌性的戰鬥」。〔註 12〕

二是子君與涓生的性別關係。在上一個層次中，子君與涓生結成了婚戀共同體，他們的反抗姿態在某種意義上說就是現代中國的象徵。很多五四啓蒙敘事文本也以新青年經由「出走」組成家庭作爲他們敘事的終點。然而，恰如上文所說，沒有性別維度關照的個人主義是沒有深度的個人主義。與眾不同的是，魯迅只是將知識青年組成家庭作爲敘事的起點，在此基礎上，深入探討了新式夫妻內部微妙的性別關係。讓人吃驚的是，組建新家庭之後的子君，迅速的滑向了她的對立面，在上一層對立關係中追求獨立、勇敢無畏的子君不見了。子君自覺的將自己定位在傳統家庭內部女性職能的分工裏。跌進日常生活空間的子君不僅沒有一點新女性的風塵，甚至比不過一個豁達的農村婦女，更不用說有涵養的大家閨秀了。子君在組建家庭之後，主動承擔起家庭日常生活經營的這一行爲本身是無可厚非的。然而，敘述人「我」在講述的時候，卻將子君固守的生活空間與涓生堅守的知識空間對立起來。「可惜的是我沒有一間靜室，子君又沒有先前那麼幽靜，善於體帖了，屋子裏總是散亂著碗碟，彌漫著煤煙，使人不能安心做事，但是這自然還只能怨我自己無力置一間書齋」。敘述人「我」在講述時自覺不自覺的遵守著「男性——啓蒙者——知識空間——新生」、「女性——被啓蒙者——生活空間——反啓蒙——死亡」這樣的的邏輯。這樣敘述的邏輯自然使前者合法化，而將後者推向了審判臺。這樣敘述的邏輯也同時在暗示讀者，子君的死亡是不可避免的，甚至是咎由自取的，而涓生需要承擔的最多只是坦誠相告無愛事實的無錯之錯。眾所周知，《傷逝》是魯迅在北京女子高等師範學校演講稿《娜拉走後怎樣》的姐妹篇。因此，這篇小說的隱含讀者也是女性。作者讓啓蒙者涓生作爲敘述人可謂用心良苦。他讓涓生現身說法、將現代愛情的眞諦呈現在「兩眼裏彌漫著稚氣的好奇的光澤」年輕的知識女性讀者面前，以達到讓新女性「睜了眼看」清世界的目的。此外，不得不說明的是，子君在組建家庭之後，主動承擔起家庭日常生活經營的這一行爲本身確實是無可厚非的。但是，進入日常生活空間並不意味著完全遁入市井生活、甚至於完全採用良莠不齊、面目模糊的市井價值觀。作者讓涓生本人對子君前後的變化細緻刻畫、寫出當事人的感受與評價。其目的除了讓新女性「睜了眼看」清世

〔註 12〕魯迅：《娜拉走後怎樣》，《婦女雜誌》，1924 年第 10 卷第 8 期。

界之外，還要時刻反思自身、找到自我。在子君與涓生這層傾斜的性別關係的探討中，讓我們感到「女性解放」這個命題任重而道遠。

三是作爲「鬼魂」的子君與涓生的關係。有的學者已經注意到了魯迅文學世界的「鬼」氣以及魯迅對鬼域世界的癡迷。在《傷逝》中，作爲死去的鬼魂的子君與活著的涓生也構成了一對潛在的緊張關係。如果忽略了作爲鬼魂而存在子君，那《傷逝》的文本意蘊將大打折扣。雖然子君的死亡已在「我」的意料之中，但是當確知子君的死訊，涓生仍悲不自禁、對子君的魂魄進行了長歌當哭式的召喚。「我願意眞有所謂鬼魂，眞有所謂地獄，那麼，即使在孽風怒吼之中，我也將尋覓子君，當面說出我的悔恨和悲哀，祈求她的饒恕；否則，地獄的毒焰將圍繞我，猛烈地燒盡我的悔恨和悲哀」、「我將在孽風和毒焰中擁抱子君，乞她寬容，或者使她快意……」、「如果我能夠，我要寫下我的悔恨和悲哀，爲子君，爲自己」。因此，整個文本我們也可以視爲涓生與子君魂魄在進行潛在的對話。對於子君的死，涓生自知有不可推卸的責任。「我」用了近三分之二的筆墨講述子君死亡的前因後果。具體而言，在講述過程中，敘述人「我」對死亡的想像出現了五次。爲什麼會出現人物反覆講述的行爲模式呢？不難想像，面對冤屈的子君魂魄的質疑與追問，涓生不得不反覆的告白、解釋與懺悔，以期得到子君的諒解與良心上安慰。那麼，什麼是懺悔呢？「懺悔是以眞理的名義克服罪孽和羞恥」。〔註 13〕然而，我們分明感覺到涓生在事實面前坦誠的詭辯。爲什麼是詭辯呢？因爲「我」將子君的死亡放在了一個非死不生的邏輯上來展開。即子君不死，涓生不會生，與其兩個人都滅亡，不如保存實力更強的一個。爲什麼是坦誠呢？因爲我們分明感受到了那種長歌當哭的濃烈的悲哀。那麼，涓生究竟在糾結什麼呢？痛苦什麼呢？悲哀什麼呢？筆者認爲這既眞實的反映了五四啓蒙者面對「棄婦」時，個人主義與人道主義此消彼長的矛盾心態，也說明了五四精英知識分子所提倡的個性解放在現實生活中全面潰敗，這無論在子君人生的結局（死亡）還是在涓生人生的結局（用遺忘和說謊做我的前導）上都得到了淋漓盡致的表現，正是這一結果將知識分子的「我」擊得粉碎。回到性別的立場，我們既看到了男性的在改變世界過程中的曲折與無奈，更體會到了女性濃重的悲哀，因爲即便是死亡，即便是魂魄不罷休的追問也難以撼動傾斜了的性別秩

〔註 13〕〔美〕保羅·德曼：《解構之圖》，中國社會科學出版社，1998 年版，第 264 頁。

序。而當這深切的理解與濃重的悲哀出自一個男性作家之手，我們可以由此認爲《傷逝》是對「『對兩性不平等歷史中直接的男性責任』進行『反思與自責』」〔註 14〕。只是這樣一種懇切的姿態，對這一問題的認識，魯迅遠遠超出同時代男女作家的認識水準。無論是文本敘述修辭上的良苦用心，還是作者對女性焦慮式的愛，都不得不讓人感到魯迅的可敬！

（三）陳白露：知識女性個性解放的道路終結

有學者這樣總結道：田亞梅是出走的娜拉，子君是回到家庭中的娜拉，而陳白露是墮落的娜拉。在學界，對田亞梅和子君這兩個經典人物形象的評價基本達成共識，這裡無用多說。但是，在現代女性解放歷程這個大背景下，用「墮落的娜拉」、「金絲雀」之類的話來評價陳白露這一人物形象，筆者認爲是有待商榷的。首先，回到問題的原點。我們如何看待民國時期知識女性的生存空間與生存情結。

具體而言，陳白露的前夫，一個未露面的「詩人」與涓生一樣，當家庭遭遇到瑣碎、無聊、厭煩、平淡、喪子等等瓶頸時，他一個人追逐他的希望去了。然而，剩下這在提倡女性解放初期就走上反抗道路的知識女性應該何去何從呢？如果她不如子君那樣選擇再次回到家庭，在惶恐中遭遇人格淩辱與死亡的降臨，那麼，她如何解決自己的生計呢？怎樣才能獲得經濟上的獨立權呢？在那個「損不足以奉有餘」的社會，我們看到點頭哈腰、勤勤懇懇的黃省三最終因走投無路，親手殺死了自己的孩子。出人意料的是，連最會鑽營的李石清最後也慘淡收場。不僅丟了工作，連自己的孩子因缺錢沒有得到及時的搶救而斃命。在社會上，連男性的生存空間都十分逼仄，又會留多少餘地給才踏入社會的知識女性呢？坦娜希爾曾這樣犀利的指出「19 世紀淪爲妓女的姑娘們通常是因爲需要錢才去賣淫的。一方面某些有自立意識的職業婦女她們知道除了身體以外，沒有任何資本……；另一方面對年青寡母和未婚母親而言，……其微薄所得幾乎總是使她們家破人亡。」〔註 15〕這種情況也適用於 20 世紀的中國。同樣，民國時期的知識女性想要追求基本的人格尊嚴與獲得起碼的自由生存空間，要面臨的困境比我們想像中的還要沉重與

〔註 14〕楊聯芬：《敘述的修辭性與魯迅的女性觀——以〈傷逝〉爲例》，《魯迅研究月刊》，2005 年第 3 期。

〔註 15〕〔美〕坦娜希爾：《歷史中的性》，童仁譯，光明日報出版社，1989 年版，第 384 頁。

複雜更多。文本中的敘述人這樣臨摹道陳白露內心世界：「這些年的飄泊教聰明了她，世上並沒有她在女孩幾時代所幻夢的愛情。生活是鐵一般的眞實，有它自來的殘忍。……難以飛出自己的生活的狹之籠……平庸，痛苦，死亡永不會放開人的。」所以當方達生質疑她自負的態度與錢的不明來路時，陳白露輕蔑的回道：「可憐，達生，你眞是個書呆子。你以爲這些名譽的人物弄來的錢就名譽麼？我這裡很有幾個場面上的人物，你可以瞧瞧，種種色色：銀行家，實業家，做小官的都有。假若你認爲他們的職業是名譽的，那我這樣弄來的錢要比他們還名譽得多。」我們並不贊成陳白露的生活方式。但是，我們也需要意識到，對於無法也不願意再回到家庭怪圈中的知識女性，在尋求探索人格獨立與經濟獨立道路上的艱辛。也正因爲有她們的探索，才讓後來者懂得朝著更加廣闊的目標奮鬥。

事實上，陳白露也爲她在無路可走之下的選擇付出了沉重的代價。這主要體現在以下幾個方面。一是心靈的分裂。隱含作者著力表現了陳白露心靈的分裂以及由分裂帶來的疼痛。一方面她玩世不恭。另一方面她又保持著內心的童貞。她興高采烈地向方達生說道「我頂喜歡霜啦！你記得我小的時候就喜歡霜。你看霜多美，多好看！」一方面她沉溺於奢侈的物質化的生活。當方達生表示要帶她離開並娶她時，陳白露置疑道：「我問你養得活我麼？咦？你不要這樣看我！你說我不應該這麼說話麼？咦，我要人養活我，你難道不明白？我要舒服，你不明白麼？我出門要坐汽車，應酬要穿些好衣服，我要玩，我要跳舞，你難道聽不明白？」另一方面又在尋找精神突圍的可能。文本中多次出現的日出的意象和窗外砸夯的工人們高亢而洪壯地合唱聲都象徵著白露內心深處的那個遙遠的希望。即使在陳白露呑下大量的安眠藥之後，她還不忘「拿起沙發上那一本《日出》，躺在沙發上，正要安靜地讀下去」，此時，窗外很遠，很遠小工們又開始隱約的唱起了夯歌……。一方面她深陷魔窟，爲了生活，不得不與潘月亭、張喬治、顧八奶奶等等這樣一群「魑魅魍魎」周旋到底。但是，另一方面她卻能出淤泥而不染，保持精神上的貞節，照亮他人。她不僅鄙視財神爺金八、調侃顧八奶奶、蔑視張喬治的求婚，還能不計得失的營救小東西。最可貴的是，原本抱著拯救陳白露而來的方達生最終卻讓陳白露所拯救。最終書呆子方達生認同了陳白露的生活哲理、扔掉了自己那副古板的眼鏡，並打算身體力行「你聽！你聽（狂喜地）太陽就在外面，太陽就在他們身上。……我們要一齊做點事，跟金八拼一拼」。二是無家可歸的隱痛。在《日出》的第四幕，陳白露與茶房阿根展開了關於「家」及其衍生物的一段饒有意味的對話。在那段對話中，我們可以看出阿根與陳白露對「家」、「旅店」、「玩」等概念的理解並不在同一個層面上。對於阿根而言，這些概念是實指的，停留在日常生活的層面，因此他認爲陳白露的話是酒後的胡言亂語。而對陳白露來說，這些概念已經躍出日常生活層面，是她在生活中掙扎、騰挪與痛楚的根源，是她對生存境況的反思與審視、是她對生命存在的終極追問。然而，陳白露的「回家」之路早已被堵死，五四以來的子君們早以以死相告。對此，陳白露是十分清楚的。在《日出》的開頭，她就直接的反問了方達生「（睜著大眼睛）回去？回到哪兒去？……愛情？什麼是愛情？嫁人……在任何情形之下，我是不會嫁給你的……我不能嫁給你」。我們也不難想像，即便陳白露跟隨方達生去了，等待她仍然是男尊女卑的家庭怪圈。在兩人感情處於疲軟期的時候，方達生難免不會舊事重提。雖然，陳白露對「家」也念茲在茲「各人有各人的家，誰還一輩子住旅館？」然而，她留戀的是親人之間的脈脈溫情，對於家庭中壓抑人性、束縛人性、妨礙人身自由的倫理秩序是抵制的。因此，一個物質上的「家」是解決不了陳白露的人生問題的，作爲現代倫理道德的捍衛者，她注定無家可歸。三是必死無疑的結局。在《日出》中，陳白露自殺之前的那一場臨鏡自白的戲最讓人唏噓感歎。陳白露：（左右前後看了看裏面一個美麗的婦人，又慢慢正對著鏡子，搖搖頭，歎氣，淒然地）生得不算太難看吧。（停一下）人不算得太老吧。可是……（很悠長地噓出一口氣。她不忍再看了，她慢慢又踱到中桌前，一片一片由藥瓶數出來，臉上帶著微笑，聲音和態度彷彿自己是個失了父母的女孩子，一個人在牆角落的小天井裏，用幾個小糖球自己鬨著自己，極甜蜜地而又極悽楚地憐惜著自己）一片，兩片，三片，四片，五片，六片，七片，八片，九片，十片。（她緊緊地握著那十片東西，剩下的空瓶噹啷一聲丟在痰盂裏。她把胳膊平放桌面，長長伸出去，望著前面，微微點著頭，哀傷地）這——麼——年——青，這——麼——美，這——麼——（眼淚悄然流下來。她振起精神，立起來，拿起茶杯，背過臉，一口，兩口，把藥很爽快地咽下去）。一個年輕的女性如此清醒的面對死亡，甚至在死亡面前仔細品味。這需要多麼大的勇氣，這又顯示出多麼決絕的意志。她似乎絕望而清晰的認識到即便是走出家庭，逃出「父親」與「丈夫」的專制，也難以逃出整個男權社會所設置的性別秩序。獨立與自由，只是一個遙不可及的夢。尤其是女性從家庭私人空間進入到社會公共空間尋找正當的工作機會，勢必會引發強大的傳統習俗的絞殺，最終只能落得死路一條。曹禺在談到陳白露所表現的悲劇精神時說：「……許多演出都把她處理成是因債逼死的，這樣是不對的，這個理解是錯誤的。她是清清楚楚死去的，也可以說她代表著知識婦女的道路，她墮落了又不甘於墮落，恰恰又是個女人，複雜極了，又有個婦女問題，她惟一的道路沒有了，混不下去了。我是同情她的，同情她混不下去就不混了，這點是很重要的。」〔註 16〕可以這樣說，陳白露獨自一個人承受著內心的分裂和層層疊疊的內外衝突，企圖跨越知識女性追求自由路上的障礙物。並且，她不惜以死亡來抗議這個不公平的社會，也以死亡來保證自己追求一生的自由意志。雖然，她的失敗昭示著知識女性孤身奮戰式的個性解放道路的終結。然而，她的探索在女性追求解放這條道路上卻有著無比重大的歷史意義。曹禺不僅關注婦女解放這個抽象的大問題，還將筆觸具體落實到歷史中的婦女們在社會層面上，如何面對她們的遭遇。

可見，五四男作家筆下的女性形象並不是像某些女性主義者解讀的那樣完全是男性意志的傀儡。至少民國時期的男性作家比較出色的將她們爲在有限生存空間的獲得立錐之地的博鬥和辛酸都寫了出來。也可以這樣說，他們筆下這些女性形象都是初步獲得主體性的新女性。

三、民國男作家想像女性立場轉換的原因探析

如果要考察民國男作家想像女性立場轉換的原因，至少有兩個方面值得重視。一是男性主導的「與時俱進」的性別話語。繼晚清之後，五四新知識分子發起了新一輪婦女解放思潮。在五四前後，男性呼應新文化、新思潮，先後以《新青年》和《婦女雜誌》爲主要陣地發起並建構了新的性別話語空間。在這公共話語空間，男性對女子問題諸如貞操、社交公開、寡婦再嫁等等問題進行了激烈的討論，新知識分子藉此逐漸獲得新的話語權，並與某些傳統因襲的力量形成了抗衡的局勢。這在客觀上造就了以兩性貞操、婚戀自由和家庭改制爲中心的新性別話語的形成。

首先，從女性貞操觀到兩性貞操觀。《新青年》率先對貞操觀進行了討

〔註 16〕田本相、劉一軍：《苦悶的靈魂——曹禺訪談錄》，江蘇教育出版社，2001 年版，第 22～23 頁。

論。1918 年 5 月，周作人在《新青年》上發表了日本學者與謝野晶子《貞操論》的譯文。這篇文章一方面對傳統的貞操觀進行了質疑。「貞操是否單是女子必要的道德，還是男女都必要的呢？」〔註 17〕另一方面對貞操觀應有的內涵貢獻了自己的觀點。「我對於貞操，不當他是道德，只是一種趣味，一種信仰，一種潔癖。既然是趣味信仰潔癖，所以沒有強迫他人的性質。」〔註 18〕這種言論既觸痛了國人一直不敢正視的瘡痂，又引起了五四進步知識分子對現代人以及現代性愛應有之義的探詢。他們紛紛撰文跟進討論。1918 年 7 月，胡適在《新青年》上發表《貞操問題》，1918 年 8 月，魯迅在《新青年》上發表了《我之節烈觀》。1919 年 4 月，《新青年》又刊登了胡適、周作人、藍志先三人對貞操問題的討論。他們就「性愛是否需要道德的制裁」這一問題又進行了對話。與此同時，新文化人敏銳的發現，對一偏貞操觀的批判成爲了瓦解傳統倫理道德體系的重要武器。《新潮》、《婦女雜誌》、《婦女周報》、《莽原》、《現代評論》和《京報副刊》等等刊物先後組織了更大規模的對性道德的討論。尤其是章錫琛主持下的《婦女雜誌》（1921～1925）成了繼《新青年》之後提供性別價值觀的重要基地。1922 年 12 月，《婦女雜誌》以專刊的形式開展了對貞操問題的討論。集中刊發了一系列與此相關的文章，如吳覺民的《近代貞操觀》、高山的《貞操觀的改造》、作舟《結婚之生理的考察》、克士《婦女主義者的貞操觀》、YD《論寡婦再嫁》等文章。這些論者從歷史、經濟、倫理、科學與中外文化比較的角度闡釋了廢除偏枯貞操觀、建立兩性平等貞操觀的必然性。1925 年 1 月，《婦女雜誌》又推出「新性道德號」對貞操和性道德問題進行集中論述。經過新文化人幾番不懈的努力，一偏的貞操觀受到了沉重的打擊，建立在現代神聖戀愛基礎之上的「兩性貞操觀」在知識分子中取得共識。

其次，新貞操觀也成了婚戀自由的邏輯起點。《新青年》對婚戀問題的價值觀輸出主要體現在三個方面。一是對封建包辦婚姻及其陋習的批判。1917 年 7 月，《新青年》刊發了鄭佩昂《說青年早婚之害》一文，他指出「有一事焉足爲青年之梗者，其惟早婚乎」。〔註 19〕1917 年 8 月，《新青年》發表了劉延陵《婚制之過去現在未來》一文，作者犀利的指出嗣宗繼業的婚姻「視男

〔註 17〕與謝野晶子：《貞操論》，周作人譯，《新青年》第 4 卷第 6 號。
〔註 18〕與謝野晶子：《貞操論》，周作人譯，《新青年》第 4 卷第 6 號。
〔註 19〕鄭佩昂：《說青年早婚之害》，《新青年》第 3 卷第 5 號。

女婚媾，不爲個人之事，而爲全族之事。並不定於男女自身之意見，而定於父母之命、媒妁之言、親族之意。」〔註20〕1919年1月，魯迅在《新青年》上發表了《隨感錄四十》一文，更是辛辣的揭示出無愛情的婚姻就好比兩個牲口，聽著主人的命令而住在一起。既然是形式上的夫婦，於是「少的另去姘婦宿娼，老的再來買妾：麻痹了良心，各有妙法」〔註21〕。二是有鑒於包辦婚姻的吃人，提倡社交公開與婚戀自由。早在1917年7月，《新青年》刊發了震瀛翻譯美國高曼女士的《結婚與愛情》一文，這是一篇主張戀愛自由的檄文，作者認爲「愛情者，人生最要之元素也。極自由之模範也。希望愉樂之所由創作，人類命運之所由鑄造。安可以局促卑鄙之國家宗教，及矯揉造作之婚姻，而代我可寶可貴之自由戀愛哉。」〔註22〕1919年3月，張崧年在《新青年》發表了的《男女問題》一文，他也認爲現代的男女關係應由「精神上發出的愛情爲主」〔註23〕，傳統的男女關係把「可貴的精神」閹割了，只剩下乾癟的軀體。1919年4月楊潮聲在《新青年》上發表了的《男女社交公開》一文，他直陳禮防的虛假性，主張「破除男女界域，增加男女人格」。雖然當時對這些觀點呼應的人還很少，但是他們已公開讓自由婚戀登堂入室，並逐漸演變成一種主流的文化價值尺度。三是將婚戀自由上昇到個性解放的高度。1918年6月，《新青年》發行了易卜生專號，發表了胡適的《易卜生主義》、胡適與羅家倫合譯的《娜拉》、以及袁振英的《易卜生傳》。這些論文與文學作品共同塑造了一個具有疊加意義的五四標誌性人物——娜拉。一方面，進步男性知識分子以此爲突破口推進個人的發現。另一方面，她的出走行爲給正在覺醒的反抗家長權威，追求個人幸福的新女性起到極佳的示範作用。《新青年》還未來得及對婚戀問題具體展開討論，編輯部內部已經分裂。章錫琛與周建人主持的《婦女雜誌》在《新青年》已經搭建好的框架之下，相繼推出了離婚問題號、配偶選擇號和新性道德號等等特刊號，對婚戀問題進行了廣泛而深入的討論。《婦女雜誌》刊發了一系列從自由的角度談婚戀的文章，如章錫琛、王平陵《關於戀愛問題的討論》、周建人《戀愛的意義與價值》、吳覺農《愛倫凱的自由離婚論》、炳文《婚姻自由》、章錫琛《愛倫凱及其思想》等等。這些文章的核心是推出以自由爲核心的新型婚戀觀，即戀愛

〔註20〕劉延陵：《婚制之過去現在未來》，《新青年》第3卷第6號。
〔註21〕魯迅：《隨感錄四十》，《新青年》第6卷第1號。
〔註22〕高曼女士：《結婚與愛情》，震瀛譯，《新青年》第3卷第5號。
〔註23〕張崧年：《男女問題》，《新青年》第6卷第3號。

自由、靈肉一致、絕對自由、結婚自由、離婚自由等等。經過進步知識分子的大力提倡，由戀愛而結婚、婚姻自主和離婚自由等觀點深深的植進青年的腦海之中。

再次，家庭制度改革。婚戀自由自然引發了對家庭制度改革的思考。早在晚清，康有爲、譚嗣同和梁啓超等有識之士在他們的著作中就提出了破除家庭的觀點。他們破除家庭的目的是爲了建立個人與天下的直接聯繫、並以此來建成國家。五四新文化派主要是從張個人與女性解放的角度來談家庭制度改革。其主要內容大致有以下幾個方面。一是抨擊家族主義的罪惡。吳虞是家族主義的著名批判者。1917 年 2 月，他在《新青年》上發表《家族制度爲專制主義之根據論》一文，從家與國、封建禮法與封建法權相生的角度對封建家族制度進行了有力的批判。周建人也在《中國舊家庭制度的變動》一文中指出「中國的舊家庭制度是君主專制政治的雛形，與自來君主專制的政體非常相合，所以能保住它們的鞏固」〔註 24〕，將封建大家庭作爲君主專制的基礎來批判成爲進步知識分子系統批判家庭的一個缺口。二是改革家庭解放個人。1916 年 12 月，陳獨秀在《新青年》上發表《孔子之道與現代生活》一文，他通過中西古今的對比，認爲孔子之道已不適用現代生活。因爲「現代生活，以經濟爲之命脈，而個人獨立主義，乃經濟學生存之大則」〔註 25〕，而「中土儒者，以綱常立教。爲人子爲人妻者，既失個人獨立之人格，復無個人獨立之財產」〔註 26〕，很自然的將破除封建家庭及傳統禮法的束縛，彰顯個人獨立的立意遞進的表達了出來。胡適也是個人主義的有力倡導者，他在《易卜生主義》一文中指出，家庭與社會最大的罪惡在於摧殘個人的個性。因此，個人要打破家庭的束縛必須大力發展個人的個性。他還對個人的個性發展提出兩點要求：「第一，須使人有自由意志；第二須使個人擔干係，受責任」〔註 27〕。這種以個人自由爲基點將個人自由與社會自由整合起來的思想成爲了日後被胡適稱爲「健全的個人主義人生觀」核心。1919 年，《新青年》刊發了魯迅《我們是在怎樣做父親》一文。「我作這一篇文的本意，其實是想研究怎樣改革家庭；又因爲中國親權重，父權更重，所以尤想對於從來認爲神聖不可侵犯的父子問題，發表一點意見」。作者呼籲中舊習慣舊思想的毒太

〔註 24〕周建人：《中國婦女問題討論集》第 3 冊，第 23 頁。
〔註 25〕陳獨秀：《孔子之道與現代生活》，《新青年》第 2 卷第 4 號。
〔註 26〕陳獨秀：《孔子之道與現代生活》，《新青年》第 2 卷第 4 號。
〔註 27〕胡適：《易卜生主義》，《新青年》第 4 卷第 6 號。

深父輩們「各自解放了自己的孩子。自己背著因襲的重擔，肩住了黑暗的閘門，放他們到寬闊光明的地方去；此後幸福的度日，合理的做人」〔註 28〕。三是提倡新式小家庭。五四新知識分子在批判封建大家庭制度、張揚個性解放的同時，也提出了種種不同的改革家庭制度的設想。其中建立歐美式小家庭是最主流的觀點。這種觀點在《婦女雜誌》1923 年「家庭革新號」、1925 年「怎樣推翻大家庭制度」和 1926 年「創立新家庭的預備」等等重要徵文中得到了集中的闡述。邵光典、寶貞《新家庭》、瑟廬《家庭革新論》、高思廷《理想之家庭》和喬峰《家庭改造的途徑》等等文章都是這方面的力作。毋庸置疑，以獨立自主、理性平等、自由主義爲邏輯基礎建構的新式小家庭製取代以宗法血親、男尊女卑、家國同構爲核心構建的舊式大家庭制，精準反映了中國現代化的內在需求。

二是現代女性逐漸崛起的事實。以男性爲主導不斷進行的關於性、婚戀與家庭等等方面的新價值觀的輸出，在一定程度上形成了整個社會對女性新的想像和新的召喚，激發出了中國「娜拉」的誕生。因此，跟中國古代相比，無論是在日常生活中還是在文學作品裏，現代中國多了一類嶄新的人物：新女性。「新女性」相對於「舊女性」而言，最大的特點就是擁有現代價值觀、尤其敢於衝破家庭牢籠去追求婚姻幸福的自主權利。此外，在中國古代，傳統才女「繡餘」才吟賦作詩，其作品思想價值超不出「女性傳統」所圈定的範圍。晚清時期，以梁啓超爲代表的知識精英又將女學的終極目的主要定位在賢妻良母上，看似賦予了女性教育權，實質上連女性在詩詞歌賦等傳統高等文化中累積起來的文本資本也被否定了，繼續成爲男權文化規訓的對象。但是，在與西方異質文化頻頻接觸過程中，女性通過掌握西方語言與現代知識又不失時機的展開了現代知識行動。民國時期，浮出歷史地表的現代女性又將這一文化活動的尺度突破，從翻譯活動返回到母語寫作乃至各個行業，爲中國女性代言，發出源自女性群體內部的眞實聲音。跟古代女性不同的是，現代女性有意識的疏離「女性傳統」價值標準而彰顯現代自我的文化主體性。

在兩千多年父權文化一統天下的封建社會，中國女性有生命而沒有主體性、更沒有話語權。她們就是所謂的歷史上的空白之頁。直到晚清時期，在知識精英對國家現代化藍圖的設計與實踐指導下，婦女教育突飛猛進。中國終

〔註 28〕魯迅：《我們是在怎樣做父親》，《新青年》第 6 卷第 6 號。

於出現了有別於「君王城上豎降旗，妾在深宮那得知」閨閣怨婦的具有現代知識的婦女群體。「就其知識結構看，僅 1905 年留學日本的知識婦女中，就有各種人才，不僅有精通外文、中文的，而且還有懂得數學和音樂的。就其職業結構看，她們之中有女學生、女教師、女編輯、女記者、女醫生、女護士、女實業工作者等等」〔註 29〕。從陳擷芬創辦《女報》開始，中國出現了一批具有反抗性的女性刊物。據不完全統計，從 1899 年到 1911 年，全國各地相繼出版的婦女報刊約有 30 餘種。「這期間的婦女報刊大體上可分爲兩種類型：一類是革命派辦的婦女報刊，它們大多把婦女解放與民族民主革命結合起來，鼓勵婦女在爭取民族解放和實行民主共和的同時，爭取婦女自身的解放。其代表可推《女報・女學報》、《女子世界》、《中國女報》、《中國新女界雜誌》、《神州女報》、《女報》、《留日女學會雜誌》等等。另一類屬於社會改良主義傾向的，其內容多爲單純提倡女學，開通女智，講論女德，尊重女權和反對纏足等爲主旨，著重於對婦女傳播知識，進行啓蒙教育。《北京女報》、《女鏡報》、《女界燈學報》、《天足會報》、《婦女日報》、《婦女時報》等，就是這一類婦女報刊的代表」〔註 30〕。此外，從秋瑾開始，中國出現了一批批代表新生社會力量爲民族新生前赴後繼的女性革命家、女戰士、女宣傳者和女性社會活動家。「在辛亥革命前夜，尹銳志等，一方面聯絡光復會員，準備武裝起義；同時發動婦女組織女子國民會，爲組織女子軍做準備。此外，林宗雪、張馥眞等人在上海組織女子進行社，賃屋於南市榮福里 8 號，召集社員，共同奔走於茶樓、酒肆、旅館、火車上，爲革命黨人推銷《民立報》，擴大革命宣傳，迎接革命高潮的到來」〔註 31〕。在中國女性開始崛起的事實面前，「女性」這個概念以及它所表示的性別群體終於被新的意識形態領域所認可。

五四時期，陳獨秀、周作人、魯迅等新文化人發出了振聾發聵的「立人」的吶喊聲。「其首在立人，人立而後凡事舉；若其道術，乃必尊個性而張精神……國人之自覺至，個性張，沙聚之幫，由是轉爲人國」〔註 32〕、「掊物質而張靈敏，任個性而排眾數」〔註 33〕，「人格式神聖的，人權是神聖的」

〔註 29〕劉巨才編著：《中國近代婦女運動史》，中國婦女出版社，1989 年，第 249 頁。
〔註 30〕劉巨才編著：《中國近代婦女運動史》，中國婦女出版社，1989 年，第 176～177 頁。
〔註 31〕劉巨才編著：《中國近代婦女運動史》，中國婦女出版社，1989 年，第 315 頁。
〔註 32〕魯迅：《文化偏執論》，《墳》，北京：人民文學出版社，1980 年版，第 43 頁。
〔註 33〕魯迅：《文化偏執論》，《墳》，北京：人民文學出版社，1980 年版，第 49 頁。

〔註 34〕，「中國講到這類問題，卻須從頭做起，人的問題，從來未經解決，女人與小兒更不必說了。如今第一步先從人說起，生了四千餘年，現在卻還講人的意義，重新要發見『人』，去『闢人荒』，也是可笑的事」〔註 35〕。在「五四」新文化運動的裹挾之下，女性對自我的認識從晚清「女國民」更堅定更清晰的轉變爲「人」和「女人」。新女性不僅在娜拉式的精神和行爲示範下，終於邁開了滯重了幾千年的步履，勇敢的離開了父親的家，爭取基本的人格自由；並且發出了「我是我自己的，他們誰也沒有干涉我的權利」這一的「獨立宣言」。「『我是我自己的』這短短六個字竟是女性向整個語言符號系統的挑戰，在『我』的稱謂與女性存在串聯爲一個符號體的一瞬間，乃是子君們成爲主體的話語瞬間即逝這一瞬間結束了女性的綿延兩千年的物化、客體的歷史，開始了女性們主體生成階段。屹立在『我』和『我自己』背後的女性，不僅以主體的身份否決了以往作爲『物』的身份，而且儼然以說話者的身份否決著以往被規定的話語他人」〔註 36〕。陳衡哲的詩歌《鳥》可以視爲當時新女性自我主體意識剛剛覺醒的心聲：

我若出了牢籠，
不管他天西地東，
也不管他惡語狂風，
我定要飛他個海闊天空！
直飛到精疲力竭，水盡山窮！
我便請那狂風，把我的羽毛肌骨，
一絲絲的都吹散到自由的空氣中！〔註 37〕

不僅如此，陳衡哲認爲既然逃出了牢籠，就不能認命必須擁有造命的決心。她在《我幼時求學的經過》中寫道「世上的人對於命運有三種態度，其一是安命，其二是怨命，其三是造命。」相對於安命與怨命而言，造命就是覺醒的女性主體對生存方式和生命意義的主動把握。

綜上所述，跟以往過於強調男女對抗的女性文學研究思路不同的是，歷

〔註 34〕胡適：《我們對於西洋近代文明的態度》，《胡適文存》第三集，上海亞東書館，1930 年版，第 45 頁。

〔註 35〕周作人：《人的文學》，《新青年》第 5 卷第 6 號，1918 年 12 月 25 日。

〔註 36〕孟悅、戴錦華：《浮出歷史地表——現代婦女文學研究》，中國人民大學出版社，2010 年，第 31 頁。

〔註 37〕陳衡哲：《鳥》，《新青年》第 6 卷第 5 號，1919 年 5 月 15 日。

史事實告訴我們，民國時期的男作家在面對中國思想文化的現代轉換以及現代女性崛起的事實，雖然這兩者都是在男性的啓蒙下發展起來的，他們不得不及時的反思與調整了自己的性別觀，從而導致想像女性基點的改變。因此，民國時期的部分男作家在文本中比較眞實的反映了現代女性的生存處境和女性意識。他們筆下的女性形象不再只是一種介質、一種對象性的存在和一個空洞的能指，而是擁有自我主體性的新女性形象。此外，女性他者——男性的敘事，在某種程度上講，讓我們看到過去因對抗情緒被遮蔽掉的與現代女性生存與境遇等等問題緊密相關的深度敘述。在這些故事中，女性不再是一個「無」的存在，她們用自己的現代知識與果敢的行爲將自己深深的鑲嵌在了現代歷史之中。

伍、「海洋文化」與冰心的詩歌創作

王學東*

【基金項目】

本文係四川省哲學社會科學項目「四川當代新詩史」（SC12E030）、四川省教育廳人文社科項目（12SB142）和西華大學重點項目（ZW1120701）的階段性成果。

摘要：冰心研究中所存在的「貶低的一極」，其實質是由於不同的視野造成的，也由此影響到了冰心的在思想史中定位。也就是說，在不同的視野框架中，我們會對冰心的詩歌有著不同的認識。本書正是從「海洋文化」這一角度入手，試圖重新審視冰心的詩歌創作及其意義，進一步呈現「海洋文化」在重審民國文學的過程中所蘊涵的獨特價值。

關鍵詞：冰心，海洋文化，海化詩人，民國文學

* 王學東，男，生於 1979 年，四川樂山人。文學博士，西華大學人文學院副教授、碩導，中文系副主任。主要研究當代新詩、四川作家、現代文化。學術期刊《地方文化研究輯刊》、《蜀學》編輯。著有詩學專著《「第三代詩」論稿》，發表學術論文 40 多篇。「非非主義」成員，發表詩歌百餘首。

1923年，冰心詩集《繁星》作爲文學研究會叢書之一由商務印書館出版，收錄小詩 164 篇；同年，冰心的另一部小詩集《春水》作爲新潮社文藝叢書之一由北新書局出版，包括小詩 182 篇。正是這兩本小詩集，奠定了冰心在中國詩歌史上的地位，當然也引出了頗有爭議的話題。

在冰心登上詩壇之時，詩歌界就出現了批評的「兩極現象」，讚譽的人很多，貶低她的也不乏其人，譽之者與貶之者可以說是旗鼓相當。而且即使到了今天，很多人依然認爲，冰心不僅無法與魯迅等男性作家抗衡，也難以與張愛玲等女作家匹敵。在我看來，冰心研究中所存在的「貶低的一極」，其實質是由於不同的視野造成的，也由此影響到了冰心的在思想史中定位。也就是說，在不同的視野框架中，我們會對冰心的詩歌有著不同的認識。本書正是從「海洋文化」這一角度入手，試圖重新審視冰心的詩歌創作及其意義，進一步呈現「海洋文化」在重審現代文學的過程中所蘊涵的獨特價值。

一

冰心的《繁星》、《春水》一出版，首先就引來了梁實秋的否定之聲，他從多方面對於冰心的詩歌創作予以嚴厲的批判。他認爲冰心的創作，「然而在詩的一方面，截至現在爲止，沒有成就過什麼比較成功的作品，並且沒有顯露過什麼將要成功的朕兆。她的詩，在量上講不爲不多，專集行世已有《繁星》和《春水》兩種，在質上講比她自己的小說遜色多了，比起當代的詩家，也不免要退避三舍。」其原因在於，「表現力強而想像力弱」、「散文優而韻文技術拙」、「理智高而情感分子薄」。〔註 1〕這裡，梁實秋將表現力強、散文優、理智高當看做冰心詩歌失敗的原因，就忽視掉了冰心詩歌重要的文化生態。之後蔣光慈對於冰心創作的否定，則帶著濃厚的「現代——非現代」的思維視野。他說，「冰心女士博得不少人們的喝綵！我眞是對不起，我是一個不知趣的人，在萬人的喝綵的聲中，我要嗤一聲掃興。……若說冰心女士是女性的代表，則所代表的只是市儈式的女性，只是貴族式的女性。什麼國家，社會，政治，……與伊沒有關係，伊本來也不需要這些東西，伊只要弟弟，妹妹，母親，或者花香還笑就夠了。我們現在所需要的文學家不是這樣的。」〔註 2〕他指責冰心的「市儈」、「貴族」，正是以「現代」的眼光，認爲

〔註 1〕梁實秋：《〈繁星〉與〈春水〉》，《創造周報》第 12 期，1923 年 7 月 29 日。
〔註 2〕光赤（蔣光慈）：《現代中國社會與革命文學》，上海《民國日報・覺悟》，1925

冰心詩歌中缺少人性追求、平民意識等「現代價值」。

「新文學——舊文學」的思維視野也是對於冰心創作研究中的一個重要維度。陳源在他書中，雖然只有簡短的評論，就特別指出了冰心創作中的「舊」的指向，「冰心女士是一個詩人，可是她已出版的兩本小詩裏，卻沒有多少晶瑩的寶石。在她的小說裏，倒常常有優美的散文詩。所以我還是選她的小說集《超人》。《超人》裏大部分的小說，一望而知是一個沒有出過學校門的聰明女子的作品，人物和情節都離實際太遠了。」〔註3〕賀玉波的批評更爲具體地分析了冰心作品中的「舊」，以及在這種「舊」體系之下的「非現代」。「不論詩歌、散文和小說，她所吟詠所描寫的終不出於有閒階級安逸生活的讚美；於是自然的美和父母家人的愛成了她每篇作品的要素。所描寫的題材幾乎完全取自於她安逸的家庭，而軍人的父親、慈愛的母親和聰明的弟弟們便成了她屢描而不倦的人物。她對於社會太盲目了，感不到分毫的興趣；以至所描寫的事件大半是一些家庭日常生活的片斷。她不明了社會的組織和歷史，而且不曾經過現社會的痛苦，所以主張用由母愛而發展的博愛來解除社會上的罪惡，來拯救苦難的眾生。在她的作品裏只充滿了耶教式的博愛和空虛的同情。」〔註4〕在「新文學——舊文學」的研究模式之下，冰心的作品就呈現出了嚴重的問題，一是遠離現實，沒有現實關懷，只展示狹小的家庭生活題材。二同樣是由於遠離現實，其作品主題只能是抽象的、空洞的愛。

即使到了當代，「新文學——舊文學」、「現代——非現代」模式仍是我們解讀冰心的一個重要的維度，我們的研究範式也仍舊沒有超越這一框架。首先，從五四、從民國走過來的丁玲，也不例外。她說，「冰心在『五四』時代，本來不過是一個在狹小而較優越的生活圈子裏的女學生，但她因爲文筆的流麗，情致的幽婉，所以很突出。她的散文和詩都寫得很好，她雖然是那樣一種出身，不能對社會有所批判，但是她在『五四』時代，也感受了影響，她提筆爲文之時，也仍然是因爲有些受了新思想的感召……冰心本是受了『五四』運動的影響而開始了她的文學生涯，但她只感染了一點點氣氛，

年1月1日。

〔註3〕陳源：《新文學運動以來的十部著作（下）》，《西瀅閒話》，新月書店，1928年版，第345頁。

〔註4〕賀玉波：《歌頌母愛的冰心女士》，《現代文學評論・中國現代女作家》，復興書局，1931年5月。

正如她自己所說是早春的淡弱的花朵，不能眞眞有『五四』的精神，所以她只得也如她自己所說『歇擔在中途』。她的愛的哲學，是不能做多少文章的，但冰心的文章的確是流麗的，而她的生活趣味也很符合小資產階級所謂優雅的幻想。她實在擁有過一些紳士式的讀者，和不少小資產階級出身的少男少女。」〔註5〕丁玲在她的評論中，仍繼續述說著冰心「遠離現實」、「空洞」、「幻想」等結論。

這樣結論一直持續到新時期，甚至把冰心的思想說看做消極、反動的哲學。「那時，在暗夜茫茫的中國大地上，已經燃起了照耀人們走向新世界的熠火，但是冰心還沒有看到。相反，由於她較深地受了基督教教義和托爾斯泰、泰戈爾等人的思想影響，卻試圖用一種抽象的『愛的哲學』來作爲解決社會問題的藥方，並排遣自己精神上的苦痛。」〔註6〕由此，冰心遠離現實的「愛」，不僅是抽象、空洞和幻想的愛，而且是消極的、逆時代而動的思想，「一種唯心的去理解整個的社會組織，是想加以幻想的改造。」「『愛的哲學』是玄學的，神秘主義的，有點唯心論的調子的。」「是消極的思想面，是博愛、超階級的同情心。……是想安撫反抗，逆時代而動的哲學。」〔註7〕

當然，這也並不是說，這些研究模式只能帶來冰心研究中的「否定」。如阿英認爲冰心作品，一方面「從思想一直到文字記述，她是無往不表示了她的獨特的傾向，她這樣的獲得了存在。」「青年的讀者，有不受魯迅影響的，可是，不受冰心文字影響的，那是很少。」另一方面：「這樣的存在是不會長久的，她的影響必然的要因爲社會的發展而逐漸的喪蝕，所以，到了進來，她的影響雖然依舊存在，可是力量，是被削弱得不知到怎樣的程度了。」〔註8〕

但是，我們不可否認，如果沒有研究視角的轉換，重新審視冰心的地位，那麼冰心創作的中所有有價值的東西，有都將成爲冰心思想的致命之處。由此，從以上的冰心研究史的「反面」可以看出，如果我們僅從「新文學——舊文學」、「現代——非現代」模式，會在一定程度上掩蓋、甚至刪除冰心獨特的詩學特性和本質，由此我們需要回到冰心作品背後的「海洋」。

〔註5〕丁玲：《早春的淡弱的花朵》，《文藝報》第2卷第3期，1950年5月10日。
〔註6〕王湛：《冰心的詩文與海》，《讀書》，1980年第11期。
〔註7〕范伯群、曾華鵬：《論冰心的創作》，范伯群編：《冰心研究資料》，北京：北京出版社，1984年版，第277頁。
〔註8〕阿英：《〈謝冰心小品〉序》，《現代十六家小品》，光明書局，1935年版。

二

在此三千年未有之大變局之中，民國時期中國文明的一個重要特徵是海洋文明的凸顯，或者說是「海洋文明」與「內陸文明」的衝突。

中國近代史，可以說是一部海洋史，或者說是一部海洋文明凸顯的歷史。李約瑟曾說：「中國人被稱爲不善於航海的民族，那是大錯特錯了。他們在航海技術上的發明隨處可見。」〔註 9〕不過，在此之前的歷史，儘管秦有徐福，漢有孫權，唐有鑒眞，明有鄭和，清有鄭成功，但海洋文明並未突出，並不足以與「內陸文明」抗衡。可以說在晚清之前，海洋文明並沒有強大對中國固有的內陸文明的構成衝擊的地步。明朝雖有鄭和的七次下西洋的壯舉，但實際上在有明一代，海禁政策一直是政府的基本國策之一。出於政治的考慮，1371 年洪武四年就詔令「瀕海民不得私自出海」。即使是在鄭和開始下西洋這樣的壯舉之時，永樂年間也詔令：「不許軍民人等私通外境，私自下海販鬻番貨，依律治罪。」1523 年嘉靖罷市舶司，1525 年頒佈禁令「查海船但雙桅者即捕之」，1533 年又再次頒佈禁令「一切違禁之船，盡數毀之」……輝煌的鄭和下西洋，並未讓此時的中國接觸和感受到眞正的海洋文明。清朝從一開始就面臨著複雜的政治問題，特別是以鄭成功爲代表的海外反清勢力，使得清政府改朝換代之際就執行了嚴厲的「禁海」、「遷海」等政策，使我們失去了與海洋文明進一步交流的機會。早在清初，1656 年順治就頒發《禁海令》，嚴禁政府之外的船隻下海。之後，康熙也多次下達禁海令，直到 1684 收復臺灣。在「禁海令」的同時，清朝還執行「遷海令」，更爲嚴重地阻礙了中國海洋事業的發展。1661 年順治十八年，朝廷正式下達《遷海令》。政府爲了斷絕沿海城市對於反清勢力的支持，強制山東到廣東沿海城市的居民向內地遷移。並設立界碑，令沿海居民不得逾越。1716 年康熙朝再次提出禁海問題，正式實行禁海。1757 年，乾隆下令關閉江、浙、閩三地海關，指定外國商船隻能在粵海關——廣州一地通商。從康熙的禁海到乾隆的「一口通商」，正式隔絕了我們與「海洋」深層聯繫。

鴉片戰爭，打開了中國鎖國政策，也改變了中國對於海洋的認識。中國對於西方的認識是從軍事開始的，向海洋文化敞開懷抱也首先是向西方先進的海洋軍事技術敞開的。以林則徐爲代表一批知識分子，就著力引進西方海

〔註 9〕李約瑟：《李約瑟文集》，潘吉星主編，瀋陽：遼寧科學技術出版社，1986 年版，第 258 頁。

洋文明的先進軍事技術。1862 年，清政府在恭親王奕和湘軍統帥曾國藩的支持下，就試圖建立一隻中國自己的海軍。1874 年李鴻章以鴉片戰爭中的慘痛教訓，在《海防籌議折》中向清政府提出了「暫棄塞防，專營海防」的建議，引出了著名的「海防」與「塞防」之爭。雖然此次論爭的結果是「海防」與「塞防」並重，但實際上我們看到，通過這次討論，我們對「海洋」重要性的認識已經達到了與「陸地」並重的地位。海洋已經不可避免的進入到了中國人的生活中，甚至深入到中國人的世界觀、思維方式之中。之後，以李鴻章爲代表的一系列的洋務運動，已展現了西方海洋文明在中國的蓬勃發展。江南製造局的創辦、北洋海軍的組建、大規模地派遣留學生、招商局、煤礦、金礦、鐵路、電報、西醫等的出現，就展示出了中國已經不是一個大陸性的國家，也不再是一個可以固守內陸文明的國家。此時，中國已經是一個內陸和海洋兼備的新型國家，中國已經成爲一個兼有內陸文明和海洋文明的國家，而這正是李鴻章所謂的「三千年未有之大變局」的一個重要表現。

「海洋文明」的高歌猛進，是近現代文化的歷史語境。詩歌史是一種歷史學，需要尋找的是詩歌自身生長的根基。如果回到冰心創作的歷史語境，在由內陸文明走向海洋文明的歷史進程中，冰心無疑是其中最有代表性，而且也是最重要的一位作家。冰心曾感慨地寫道：「也許是我看的書太少了，中國詩裏，詠海的眞是不多；可惜這麼一個古國，上下數千年，竟沒有一個『海化』的詩人！」「我希望做一個『海化』的青年」〔註 10〕。冰心期待著做一個「海化詩人」，而且也成爲了一個「海化詩人」。在民國文學中，說冰心是一個「海洋之子」，是海洋文明在中國的化身，應該一點也不過分。

冰心所經歷的「民國」就是一個海洋事業不斷發展的民國，是一個海洋文明不斷凸顯的時代。對於冰心來說，「海洋」是她時代運行的核心點。「冰心女士作品中喜用的一個背景便是『海』，因爲她深受海的威化，這是環境的關係。」〔註 11〕冰心的出生地福州，正好與中國近代海洋事業的發展，特別是近代海軍的發展緊密聯繫的。福州馬尾港是近代中國海軍基地之一。1866 年，洋務派領袖之一的左宗棠在福州主辦了福州船政局，之後由沈葆楨主持。這裡不僅建立了海軍基地，而且還營造艦船、派遣留學生學習海運和軍

〔註 10〕冰心：《往事（一）·十四》，《冰心全集》第 1 卷，福州：海峽文藝出版社，1994 年版，第 465 頁。

〔註 11〕草川未雨：《繁星和春水》，《冰心論》，李希同編，北新書局，1932 年版，第 75 頁。

事，成爲一個海洋氛圍極爲濃厚之地。同時，冰心的海軍家庭身份，也時刻影響著冰心的成長。特別是冰心的父親謝葆璋，作爲終身從事海洋事業的中國第一代海軍軍人，也造就了冰心的「海洋意識」。謝葆璋是一個一生與海洋打交道的人，早年就讀於天津水師學堂，其後參加了中日甲午海戰。戰後，因其海洋軍事才能，在上海擔任巡洋艦副艦長。不久他被調往煙臺，擔任海軍訓練營長和海軍軍官學校校長，至 1911 年主動辭職。1913 年他又被聘到北京，擔任中華民國海軍軍部學司司長。在此過程中，冰心一直追隨著他的父親。正如冰心的《繁星・一一三》，「父親呵！／我怎樣的愛你／也怎樣愛你的海」以及《繁星・七五》中，「父親呵！／出來坐在月明裏／我要聽你說你的海。」正是他她父親的海軍生涯，使得冰心與「海洋」有了緊密的聯繫。

對於冰心自身來說，她不僅與她父親一同見證和經歷了「海洋事業」在中國的發展，更重要的是，她的靈魂也完全融入到海洋，進一步凸顯了海洋在她生命中的重要意義。從 1901 年移居上海，到 1904 年在移居煙臺，冰心的童年都是在海邊度過的，海成爲他童年的一個重要朋友。「我從小是個孤寂的孩子，住在芝罘東山的海邊上。三四歲剛懂事的時候，整年整月所看見的：只是青鬱的山，無邊的海，藍衣的水兵，灰白的軍艦。所聽見的，只是：山風，海濤，嘹亮的口號，清晨深夜的喇叭。生活的單調，使我的思想的發展，不和常態的小女孩，同其徑路。我終日在海隅山陬奔遊，和水兵們做朋友」〔註 12〕。正是在這樣的環境中，冰心對於「海」的愛就慢慢地累計起來的。在《往事》中，冰心記述了這樣一件事：「曾有人間冰心『爲何愛海？如何愛海？』」「並非喜歡這問題，是喜歡我這心身上直接自海得來的感覺」。對此，她的回答是：「愛海是這麼一點一分的積漸的愛起來的。」〔註 13〕

在愛海的基礎上，冰心對「海」有了深刻的感受。「海」在冰心心中有不可替代的地位，「山也是可愛的，但和海比，的確比不起，我有我的理由！」《山中雜記》。那「海」有什麼魅力呢？「海」有美麗的風景，讓冰心著迷：「海呢，你看她沒有一刻靜止，從天邊微波粼粼的直卷到岸邊，觸著崖石，

〔註 12〕冰心：《我的文學生活》，《冰心全集》第 3 卷，福州：海峽文藝出版社，1994 年版，第 4～5 頁。

〔註 13〕冰心：《往事（二）・五》，《冰心全集》第 2 卷，福州：海峽文藝出版社，1994 年版，第 169 頁。

更欣然的濺躍了起來，開了燦然萬朵的銀花！」海還有神奇的、神秘的力量，賦予冰心無限的想像：「在海上又使人有透視的能力，這句話天然是眞的！你倚闌俯視，你不由自主的要想起這萬頃碧琉璃之下，有什麼明珠，什麼珊瑚，什麼龍女，什麼鮫紗。」〔註 14〕而更重要的是，「海」成爲一種精神的象徵，讓生命得以昇華。最終，「海」給了冰心的生命以「無限的歡暢與自由」〔註 15〕，「海」成爲了她生命力量的彰顯。

正是「海」迷人的風景，以及所蘊含的精神力量，「海」成爲了冰心生命的寄託。「海」首先給予了冰心對於生命的新的感受和體驗，「從這一天起，大海就在我的思想感情上佔了一個極其重要的位置。我常常心裏想著它，嘴裏談著它，筆下寫著它；尤其是三年前的幾十年裏，當我憂從中來，無可告語的時候，我一想到大海，我的心胸就開闊了起來寧靜了下去！」〔註 16〕冰心也又把自己的生命投入到了「海」中，融入到海的世界。她在《往事・一》中，首先憶起的就是海：「海的西邊，山的東邊，我的生命樹在那裡萌芽生長，吸收著山風海濤。」她說自己生命的方向，就是流入海，「我的生命的道路，如同一道小溪，從長長的山谷中，緩緩地、曲折地流人『不擇細流』的大海。」〔註 17〕甚至冰心說自己的終極歸宿，也是海。在《山中雜記》中她說，「說句極端的話，假如我犯了天條，賜我自殺，我也願投海，不願墜崖！」總而言之，由於冰心特殊的海洋家庭的經歷，以及在這樣的生命歷程中對於海的獨特感受，讓冰心成爲了一個徹徹底底的「海化之人」。

所以，在三千年未有之大變局之中，民國時期中國文明的一個重要特徵是海洋文明的凸顯，或者說是「海洋文明」與「內陸文明」的交融。在民國文學中，冰心正是作爲她在《往事》中所要尋求的「海化詩人」，成爲海洋文明在中國的化身。她的作品不僅彰顯出「海」的魅力，而且也由此展示了她在民國文學中的重要地位。

〔註 14〕冰心：《山中雜記・（七）說幾句愛海的孩子氣的話》第 2 卷，福州：海峽文藝出版社，1994 年版，第 194 頁。

〔註 15〕冰心：《海戀》，《冰心全集》第 6 卷，福州：海峽文藝出版社，1994 年版，第 125 頁。

〔註 16〕冰心：《我的童年》，《冰心全集》第 7 卷，福州：海峽文藝出版社，1994 年版，第 68 頁。

〔註 17〕冰心：《〈冰心文集〉序》，《冰心全集》第 7 卷，福州：海峽文藝出版社，1994 年版，第 276 頁。

三

1944 年，廢名在他的新詩講稿中，將冰心和郭沫若作爲新詩發展的第二個階段來介紹，已顯示了冰心在新詩史上的獨特地位。他說，「我們在以前所講的，可以說是初期新詩。現在我們講到了冰心女士的詩，接著還要講幾個作家，新詩算是做到第二個階段來了，可以稱之曰第二期的新詩。」〔註 18〕如果我們這裡不是從「新詩——舊詩」出發探討，而是從民國文化出發，我們可以看到郭沫若和冰心兩位詩歌都是以「海洋」爲主題的詩人。不過，在一定程度上，也正是由於「海洋」的介入，對於傳統「內陸文化」的衝擊之大，郭沫若和冰心的詩歌也飽受爭議。但是，郭沫若和冰心之所以能成爲新詩第二個階段的代表，最重要的原因是他們詩歌中所展現出來的民國氛圍，即是對「海洋」的展示。

在民國文學中，對於「海洋文化」的展示，郭沫若是其中最重要的一位詩人。當郭沫若初到日本時，一個一直在「內陸」成長起來的人，一接觸到「海洋」，其新奇、新鮮和激動之情是完全可見的。一方面，郭沫若的居住地博多灣有著風景迷人的海洋景觀，另一方面，海洋自身的激情和雄渾又時時感染他。由此，郭沫若在接觸「海洋文明」過程中，感受到了海洋的魅力，最終也投入到海洋文明的懷抱。在他詩歌中，特別是在《女神》中，一個最重要的特點就是「海洋」、「海洋文化」的介入，處處閃現著海洋的影子。特別是在《立在地球邊上放號》、《筆立山頭展望》等詩歌中，海洋意象充滿了郭沫若的主觀情緒色彩，海洋成爲了郭沫若情緒的宣泄口。正如梁啓超所說，「試一觀海，忽覺超然萬累之表，而行爲思想，皆得無限自由。彼航海者，其然萬累之表，而行爲思想，皆得無限自由。彼航海者，所求固在利也。然求利之始，卻不可不先置利害於度外，所求固在利也。然求利之始，卻不可不先置利害於度外，以性命財產爲孤注，冒萬險而一擲之。故久於海上者，以性命財產爲孤注，冒萬險而一擲之。故久於海上者，能使其精神日以勇猛，日以高尚。此古來瀕海之民，使其精神日以勇猛，日以高尚。此古來瀕海之民，所以比陸居者活氣較勝，進取較銳。」〔註 19〕在郭沫若的一些詩歌中，海洋更多的體現爲郭沫若自我內在的狂暴情緒，體現爲男性的狂暴，

〔註 18〕廢名：《冰心詩集》，《談新詩》，北平新民印書館，1944 年版。

〔註 19〕梁啓超：《地理與文明之關係》，《飲冰室合集：文集之十》影印本，北京：中華書局，1989 年版，第 110 頁。

情感的洪流。正是「海洋」爲郭沫若詩歌帶來的這樣一個「動」的精神，不但爲民國詩歌注入了獨特的因子，而且使郭沫若立於時代的潮頭，成爲時代精神的象徵。

同樣，冰心的詩歌由於海洋的介入，不僅僅是爲民國時期的詩歌呈現出了一種海洋意象系統，展現爲一種新的語言表現方式，更重要的是呈現出了一種新的思維方式。我們只有從這裡出發，才能體會到冰心詩歌中單純、童心、愛、抽象、哲理、時空等範疇的獨特價値所在。

首先，冰心詩歌中，「人——海」並列，是世界存在的基本模式，也是冰心詩思和詩學的起點。也就是說，在冰心的詩歌裏，「人」與「海」關係，並不是交匯、融合和統一在一起的，而是並列地存在著。如《繁星・一九》，「我的心／孤舟似的／穿過了起伏不定的時間的海」，以及《繁星・六七》，「漁娃！／可知道人羨慕你／終身的生涯／是在萬頃柔波之上」中，「人」與「海」是一種並列的存在模式。「人的心」如孤舟，穿過「時間的海」，並沒有交融與「海」；「人的終身」，在海之上，也並非回歸於海、終結於海。所以，冰心詩歌的「人——海」並列世界存在，展現出這樣一個世界模式，人不能統一於海，海也不能歸併於人，人與海是並列存在的。

在冰心的詩集《繁星》和《春水》中，她對「海」的認知和理解，其實也就是冰心對於命運、生命、時間、世界、宇宙等思考的基點。他們都是與「人」並列著的存在，人無法去認識和洞察命運、生命、時間、世界和宇宙本身，人只能孤獨地去感受到這種「並列」模式之下存在的分裂感。如《繁星・九一》中，「命運！／難道聰明也抵抗不了你／生——死／都挾帶著你的權威」這裡，命運是與人的存在並列著的，人無法用自己的「死」抵達，當然更無法抵擋「命運」的進攻。同樣，在這個茫然的宇宙中，人如一個孤星一樣，與孤獨地與宇宙並列存在。《春水・六五》「只是——顆孤星罷了！／在無邊的黑暗裏／已寫盡了宇宙的寂寞」。因此，冰心詩歌中人與世界相遇，並不是在「天人合一」的內陸文明上相遇，而是在「天人兩分」、「天人並列」的「海洋文明」的路途上相遇，這既是冰心詩歌中沉迷與時空等宏大問題追問的一個重要原因，也是冰心詩歌主題的獨特性所在。

其次，在「天人兩分」的思維視野中，冰心詩歌進一步思考了「天人兩分」之下「人」的存在方式。正是在「人與海」的並列、對峙中，在「天人兩分」的情況下，有靈性的「人」，在無限、永恒、終結的「天」的面前，只會感到到「人」的渺小和有限，只會產生一種本能的「微小」的體驗，「倘若我能以達到／上帝呵！／何處是你心的盡頭／可能容我知道／遠了！／遠了！／我眞是太微小了呵！」(《春水・九》)。正是由於人的這種「微小感」，「人」作爲與天並列的「嬰兒」，成爲人的宿命，此時「人」的存在就是「嬰孩」。由此，對於「宇宙」中人的「兒童性」呈現，即展現一個孤獨的、弱小的個體面對著無垠的、闊大的宇宙，成爲冰心詩歌的另一個重要主題。如冰心的詩歌《繁星・二六》中，「高峻的山巔／深闊的海上——／是冰冷的心／是熱烈的淚／可憐微小的人呵！」「人」無法與「山」、「海」相比，當然更無法與「天」相比。同時，作爲與人並列而存在的「天」，也並不依附與人，把價値展現給「人」，《繁星・九九》:「我們是生在海舟上的嬰兒／不知道／先從何處來／要向何處去」。所以，正是在這樣一個中「天人兩分」的境遇中，在「天」的面前，人的存在方式而能作爲一個「嬰兒」。《繁星・一四》「我們都是自然的嬰兒／臥在宇宙的搖籃裏」。所以，在宇宙、「天」的面前，與「天」並列的「人」，非常的有限、短暫和弱小，人的生存狀態就只是「嬰孩」、「兒童」，這是冰心詩歌中「童心」主題的重要指向。

在「天人兩分」的世界圖景中，由於「天」的無垠和永恒，人的存在只能是「嬰兒」。不過，作爲能與「天」並列的「人」，其本身又包含了無窮的可能性的力量。如《繁星・三五》:「萬千的天使／要起來歌頌小孩子／小孩子！／他細小的身軀裏／含著偉大的靈魂」，以及《春水・六四》:「嬰兒／在他顫動的啼聲中／有無限神秘的言語／從最初的靈魂裏帶來／要告訴世界」。因此，在冰心詩歌中，大量地表現「嬰兒」主題，另外一層含義就是，「人」儘管是「天」籠罩之下的「嬰兒」，但同時又是與「天」並列「嬰兒」。正如前面所引的詩句中我們看到，即使作爲追隨「天」的天使，也要歌頌小孩子，首先就是應爲他們「含著偉大的靈魂」。另一方面，即使是弱小的嬰兒，他們也有神秘的語言。借助語言，「人」有破譯「天」的絕對可能性。所以，作爲「嬰兒」的人，始終還是與「天」並列而存在的，有著自己存在的價値，這是爲什麼冰心要爲嬰孩唱讚歌的原因。

最後，在「天人兩分」的思維視野中，冰心詩歌還重點思考與「人」並列的「天」的本眞狀態。「天人兩分」之下的「天」，是一個沒有「人」的因素的「自在之天」，是一個沒有被「人」染指「本源之天」，這一種「天」本身就是超現實的、抽象的和神秘的。冰心詩歌中的有著大量的超越現實的、抽象、神秘的主題，正是在「天人兩分」的視野之下重新打量「天」。所以冰心的詩歌就呈現出了一種直指向宇宙，乃至於宇宙之外的宇宙本身的終極之思。如《春水・九二》，「星兒！／世人凝注著你了／導引他們的眼光／超出太空以外罷！」對於與「人」並列的「天」的終極探析，使冰心的詩歌充滿了終極追問。

在冰心詩歌中，可以看到這樣的大量的本質之追問。也就是說，冰心的詩歌主題，都是抛開了「人」之後的純粹之問，這正是冰心詩歌中獨特和重要之處。如直指追問「生」、追問「死」。如《繁星・三》：「萬頃的顫動——／深黑的島邊／月兒上來了／生之源／死之所！」；直接追問「無限」，如《繁星・一一》，「無限的神秘／何處尋他／微笑之後／言語之前／便是無限的神秘了」；直接追問時間，《繁星・一〇三》「時間！／現在的我／太對不住你麼／然而我所抛撇的是暫時的／我所尋求的是永遠的」。除了詩歌，冰心也多次在她的散文展現出對於生命的終極思考，「我想什麼是生命！人生一世只是生老病死，便不生老病死，又怎樣？渾渾噩噩，是無味的了，便流芳百世又怎樣？百年之後，誰知道你？千年之後，又誰知道你？人類滅絕了，又誰知道你？」〔註20〕正是在「天人兩分」之下，「天」包括時間、空間、生死等領域自身的永恒、無比強大和充滿神秘感才得以彰顯，也是冰心詩歌中哲理、永恒、眞理、生命、意義等終極追的眞正旨趣。

在民國詩歌史上，郭沫若和冰心以「海洋」更新了詩歌的發展。但是冰心的海洋體驗和感受，與郭沫若是完全不同。郭沫若作爲一個海洋文明的遭遇者，他時時刻刻與海洋的遭遇過程中，都是要返回自身、返回內陸。「天人合一」，或者說「海合於人」，是郭沫若詩歌中的「海洋」所要凸顯的主題。而冰心則不一樣，冰心的成長一直是伴隨著海洋的，她面對海洋，直接去體驗海洋本身。「海人兩分」，是冰心詩歌中「海洋」主題的主要體現，所以冰心的骨子裏才是一個眞正的「海化詩人」。而這不僅是冰心和郭沫若面對海洋時的根本不同之處，也是冰心詩歌中的「海洋」更具有「海洋性」的原因，更是冰心詩歌中的「海洋」更能爲民國詩歌呈現出認識世界的新的方式和可能的原因。

〔註20〕冰心：《「無限之生」的界限》，《冰心全集》第1卷，福州：海峽文藝出版社，1994年版，第102頁。

四

冰心詩歌中的「海洋」，爲民國詩歌注入了理解世界的新的思維方式，由此爲民國詩歌帶來了一種全新的詩歌新質。

第一，正是由於人與世界相遇的模式是「天人兩分」，人的最終的歸宿便不能在「天人合一」之中尋找。冰心正是從「愛」中找到了在「天人兩分」之後，「人」的歸宿。正如冰心、吳文藻的求婚書所言，「愛是人格不朽生命延續的源泉，亦即是自我擴充人格發展的原動力。不朽是宗教的精神。流芳遺愛，即是一種宗教。愛的宗教，何等聖潔！何等莊嚴！」〔註 21〕「人」作爲微弱的「兒童」，與浩渺無垠的宇宙相遇，在永恒的孤獨之境中，人的終極拯救只能使宗教式的拯救，只能是愛，而且只能是完全之愛、博大之愛、永恒之愛、純粹之愛。冰心的詩歌作品大量地彰顯出了愛的價值、力量和意義，清楚地明示，「愛」是這個世界運行的中軸。

冰心的這種完全之愛、博大之愛、永恒之愛、純粹之愛，可以說是民國文學，乃至整個中國文學中都非常罕見的。在《繁星・一》中，「繁星閃爍著——／深藍的太空／何曾聽得見他們對語／沉默中／微光裏／他們深深的互相讚頌了」。也就是在「天」的領域中，「愛」是他們的基本存在狀態。同樣，在「人」的世界裏，「愛」更是「人」的歸宿。如《繁星・一二》，「人類呵！／相愛罷／我們都是長行的旅客／向著同一的歸宿」。正如馮驥才所說，「在與您的交往中，我懂得了什麼是『大』。大，不是目空一切，不是作宏觀狀，不是超然世外，或從權力的高度俯視天下。人間的事物只要富於海的境界都可以既博大又親近，既遼闊又豐盈。那便是大智，大勇，大仁，大義，大愛，與正大光明。」〔註 22〕冰心的愛，涉及「天」、「人」，關乎宇宙的根本，因此可以說，「大愛」是冰心愛的一個特點。

張愛玲在她的小說，處處彰顯出「惡」對於人的壓制和摧毀，顯示了她驚人的人性的洞察力。在一個正常的社會建構中，一個社會的良性發展過程中，張愛玲淩厲的批判不可或缺，但是同時，一種正常的、良性、健康的人性也絕對不能忽視。「冰心是我們社會生活文藝生活裏一個清明、健康和穩

〔註 21〕冰心、吳文藻：《求婚書》，《冰心文選——佚文卷》，福建教育出版社，2007 年版，第 51 頁。

〔註 22〕馮驥才：《致大海——爲冰心送行而作》，《大眾文藝：上半月》，2011 年第 5 期。

定的因素。現在她去了，那麼，回憶她，閱讀她，這也是一個清明、健康和穩定的因素吧。在遇到困難的時候，在焦躁不安的時候，在悲觀失望的時候和陷入鄙俗的泥沼的時候，想想冰心，無異一劑良藥。那麼今後呢？今後還有這樣的大氣和高明，有教養和純潔的人嗎？偉大的古老的中華民族，不是應該多有幾個冰心這樣的人物嗎？」〔註 23〕冰心與張愛玲等女作家並列，但是又完全不同。同樣也可與民國大作家並列，並彰顯出自己的特質。正如李澤厚說的，「魯迅和冰心對人生都有一種眞誠的關切，只是關切的形態不同。」〔註 24〕

在民國文學中，從近代的啓蒙、救亡、革命到抗日等等時代宏大主題的促逼之下，「愛」這一主題的追求幾乎沒有眞正得以展開，甚至沒有得到眞正的關注。「過去我們都是孤寂的孩子，從她的作品那裡我們得到了不少的溫暖和安慰。我們知道了愛星，愛海，而且我們從那些親切而美麗的語句裏重溫了我們永久失去了的母愛。」〔註 25〕從民國文學到當下文學，只有在冰心的作品中，這一「愛」的主題才得到了最大限度的彰顯。

第二，冰心詩歌中「天人兩分」，確立了民國詩歌的「去抒情」、「去意境」的一種審美取向。「天人合一」是中國傳統文化的價値取向。「天人合一」之下的審美追求就是「抒情——意境」。「抒情——意境」是中國傳統詩學，以及中國傳統藝術的基礎性概念，乃至可以說是中國古代審美的決定性因素。本來，「抒情」在中國傳統中是一個有著豐富涵義的美學概念，而且包含著較爲多元的藝術精神。在傳統的中國語境之下，「抒情」的闡釋、認知、接受最終坐實爲對「意境」的追求與迷戀，即順應宇宙萬物變化，遵從天命，與天地萬物合一而並生，形成一種寧靜的生命形態，達到生命與自然之間的親密無間和諧共一。在傳統的「抒情」中，追求意境，就成爲了適應中國古代人生存狀態的詩歌表達，並由此形成「審美——抒情——意境」這樣一種美學模式。這樣，中國古典詩歌發展出了獨特韻味的「意境」詩歌旨趣，他們陶醉於這種人與自然的「共在」關係，不以主體的世界主宰世界萬物，也沒有征服和去改造世界的願望，不去打破自然界的和諧秩序，任其自在自爲地演化生命。

〔註 23〕王蒙：《想念冰心》，《中國文化報》，1999 年 3 月 4 日。
〔註 24〕李澤厚：《世紀新夢》，合肥：安徽文藝出版社，1998 年版，第 366 頁。
〔註 25〕巴金：《〈冰心著作集〉後記》，《冰心著作集》，開明書店，1943 年版。

在「天人兩分」的海洋文化視域中，則是不同的主體、不同客體，乃至主客體之間的並列存在。多元、競爭、挑戰成爲了主體之間、或者主客體之間的存在的基本模式。「天——人」關係，也已成爲一種理性交流和對話的過程。在這樣思維範疇之下，中國「抒情文化」基礎已經發生了改變，失去了生成意境的社會和文化基礎。在這樣的環境下，古典詩歌的「抒情」、「意境追求」等美學規範基本失效了。冰心詩歌在「天人兩分」的思維框架中，就形成了一種「理性——宗教」式的審美屬性。

一方面，冰心中詩歌的審美追求是「去抒情——純思辨」。「文學是要取材人生的；要描繪人生，就必須深知人的生活，也必須研究人的生活的意義，做他著作的標準。照此看去，哲學和社會學便是文學家在文學以外，所應該攻讀的功課。」〔註 26〕冰心的詩歌中，就充滿了大量的哲理。所以，在冰心的詩歌中，她並不是從日常生活出發，並不追求與「天」的合一。而是從僅從「人」出發，去通達對生命、時空、宇宙、存在等問題。同時，這不只是對愛情、親情、友情等人事道理的簡單感悟，而又是站在「天」的立場，去展現人、生命、時空、宇宙、存在等，甚至直接從「天」自身呈現開始，敏感和自覺地讓詩歌直接進入到「天」本身。而這，正是在「天人合一」審美範疇之下難以觸摸的詩學追求。另一方面，冰心詩歌中審美旨趣是：去意境追求，而呈現宗教體驗。面對「天人兩分」這一「人」與「天」對立的巨大的鴻溝，「人」絕對會產生一種比生老病死、孤獨更爲恐懼的體驗。在冰心的詩歌中，正是展現出人在「神」的世界中得到光明、得到自由、得到愛、得到幸福。所以，充滿著與神相遇的事情，展示出「人」投入神的懷抱，傾聽神的聲音的追求，最終呈現出神的神秘，使得冰心的詩歌具有濃烈的宗教氛圍。由於「天人合一」這裡已被斷絕，人也無法再修復天人之間的交融，「人」更無法在天人合一的意境中安頓。但是，在我們的文學中，卻並沒有這樣的體驗。《怎樣欣賞中國文學》：「中國人是非宗教的民族……宗教本來有兩個條件，一個是崇拜偶像，另一個是相信來生。在儒教裏這兩個條件都沒有。……中國人是非宗教的，這是到過中國的人都能感覺到的。」〔註 27〕而走向宗教，這不僅是「人」的必然歸宿，也是冰心詩歌審美旨趣的重要呈現。

〔註 26〕冰心：《文學家的造就》，《冰心全集》第 1 卷，福州：海峽文藝出版社，1994 年版，第 150 頁。

〔註 27〕冰心：《怎樣欣賞中國文學》，《冰心全集》第 3 卷，福州：海峽文藝出版社，1994 年版，第 460 頁。

在「天人兩分」的世界模式中，「人」與「天」不能合一，冰心的詩歌便呈現出了一種與「抒情——意境」不同的「理性——宗教」審美趣味。可以說，冰心的「去抒情」、「去意境」的詩學追求，與之後徐遲的「放逐抒情」、馮至的「詩是經驗」、金克木的「主智詩」、袁可嘉「新詩現代化」、穆旦「新的抒情」，在「反抒情」維度上是有相同的精神取向的。「理性——宗教」的「反抒情」審美趣味，這也是冰心詩歌對於民國詩歌發展的重要啓示之一。

總之，我們看到，從近代開始，中國已經不是一個大陸性的國家，也不再是一個可以固守內陸文明的國家。此時，中國已經是一個內陸和海洋兼備的新型國家，中國已經成爲一個兼有內陸文明和海洋文明的國家。在三千年未有之大變局之中，民國時期中國文明的一個重要特徵是海洋文明的凸顯，或者說是「海洋文明」與「內陸文明」的交融。冰心正是作爲一個「海化詩人」，不僅彰顯出「海」的魅力，而且也由此成就了她在民國文學中的重要地位。由於海洋的介入，冰心的詩歌呈現出了「天人兩分」的世界模式和思維方式，進而顯示出了她詩歌中單純、童心、愛、抽象、哲理、終極等範疇的眞正指向和獨特意義所在。同時，在民國文學中，冰心作品顯示出了重要的詩學價值。一方面，她詩歌中的完全之愛，讓民國文學打開了一條向「愛」突進的思想甬道；另一方面，她詩歌中「理性——宗教」審美旨趣，也爲民國詩歌的發展開啓了一條「反抒情」的重要發展路徑。

陸、「禁區」與「誤區」
——臺灣的「三十年代作家論」

張堂錡*

摘要：解嚴之前，因著兩岸特殊的對峙與隔絕限制，1930年代作家作品在臺灣不僅長期列入被遮蔽的「禁區」，無法自由接觸和閱讀，連帶著也使對其相關的介紹與研究陷入被扭曲的「誤區」，蒙上一層政治色彩而無法撥雲見日，還原本來面目。這是兩岸「敵對狀態」下的一個亂象，也是雙方文化發展的一大損失。雖然禁書與誤讀已然成爲國共鬥爭歷史過程中逐漸遠去的記憶，但它也已深刻地成爲文學史不能抹煞的一頁。它的存在，本身就是文學史的一部分。

本文從臺灣曾經以「三十年代作家」爲名出版的多部著作爲切入點，包括丁望《三十年代作家評介》、蘇雪林《中國二三十年代作家》、姜穆《三十年代作家論》、《三十年代作家臉譜》、陳紀瀅《三十年代作家記》、孫陵《我熟識的三十年代作家》、陳敬之《三十年代文壇與左翼作家聯盟》等，探討這些作者對三十年代作家的研究動機、寫作立場，並分析三十年代作家在臺灣特殊的政治氣氛、文藝政策下爲何被「誤讀」的原因，以及如何被「誤讀」的策略，從而體認到，正因爲「誤解」的傷害與重重障礙，才更顯示出「理解」的必要與難能可貴。

關鍵詞：三十年代作家、姜穆、蘇雪林、陳紀瀅、丁望

* 張堂錡，臺灣政治大學中國文學系教授，政治大學民國歷史文化與文學研究團隊負責人，主要研究領域爲中國現代文學史、現代散文、澳門文學、大陸當代文學。

一、前言

從 1949 年 5 月 20 日臺灣正式實施戒嚴令以後，文學出版被納入官方管控，「三十年代作家」在臺灣的文學界就一直是一個碰不得的「禁區」，一些留在大陸的作家的著作均被列爲「不良書刊」而遭到取締和查禁。很長一段時間，坊間只看得到朱自清、徐志摩、夏丏尊、許地山，以及來臺的胡適、林語堂、梁實秋等少數現代作家的選集，其餘的作家作品被查禁得十分徹底，完全在市場上銷聲匿跡。這種現象要到 1970 年代中期以後，伴隨著臺灣民主化運動的興起才開始鬆動。在 1987 年 7 月 15 日解嚴之前，有洪範書店、蘭亭書店等出版了一批二、三十年代名家的選集，包括魯迅、沈從文的小說，周作人、許地山、豐子愷、郁達夫、朱湘、梁遇春、魯彥等的散文，徐志摩的詩等〔註 1〕，這些名家精選集，獲得了不錯的銷售成績，也帶動了此後業強、遠流、海風、幼獅、里仁等多家出版社投入二、三十年代作家作品的編選出版熱潮。

當然，對這些中國現代作家作品的相繼出版及介紹，說明了臺灣在文化出版體制上的開放，以及對文學控制的鬆綁。這股熱潮其實並未維持太久，1980 年代是這波出版熱潮的高峰，1990 年後即逐漸趨於平緩，主要原因是，不論從文學書籍的消費需求，還是文化政策的訂定推動，都使得「臺灣文學」迅速成爲閱讀、研究、推廣的重心，而中國現代文學在失去「禁書」的「魅力」之後，影響力反不如前。

解嚴之前，因著兩岸特殊的對峙與隔絕限制，三十年代作家作品不僅長期列入被遮蔽的「禁區」，無法自由接觸和閱讀，連帶著也使對其相關的介紹與研究陷入被扭曲的「誤區」，蒙上一層政治色彩而無法撥雲見日，還原本來面目。這是兩岸「敵對狀態」下的一個亂象，也是雙方文化發展的一大損失。雖然禁書與誤讀已然成爲國共鬥爭歷史過程中逐漸遠去的記憶，但它也已深刻地成爲文學史不能抹煞的一頁。它的存在，本身就是文學史的一部分。

本文從臺灣曾經以「三十年代作家」爲名出版的多部著作爲切入點，探討這些作者對三十年代作家的研究動機、寫作立場，並分析三十年代作家在臺灣特殊的政治氣氛、文藝政策下爲何被「誤讀」的原因，以及如何被「誤讀」的策略，從而體認到，正因爲「誤解」的傷害與重重障礙，才更顯示出「理解」的必要與難能可貴。

〔註 1〕有關解嚴前後二、三十年代作家作品的出版情況，可參看陳信元：〈回顧中國現代文學作品在臺灣〉，《文訊》第 332 期，2013 年 6 月，頁 67～70。

二、文化政策下的「禁區」

1954 年 5 月 4 日，中國文藝協會響應蔣中正於 1953 年發表《民生主義育樂兩篇補述》中所提，必須「剷除赤色的毒與黃色的害」的號召，決定發起「文化清潔運動」，又稱爲「除文化三害運動」，由《中央日報》、《臺灣新生報》刊登宣言，並由一百多個社團共同發起，大力掃蕩「赤色的毒」、「黃色的害」、「黑色的罪」等書刊，同年 8 月即有《中國新聞》、《世界評論》等十份刊物被勒令停刊，一時文壇風聲鶴唳，人心惶惶。這其中的「赤色的毒」即包括了二、三十年代許多左翼作家的作品，官方甚至編有禁書手冊，發給各縣市執法人員，作爲取締的依據，從此展開了長達三十餘年的「禁書年代」。毫無疑問，中國二、三十年代作家的作品自然在禁書之列，不僅禁止閱讀，也禁止討論。

這些被迫消失的三十年代作家，不僅有「魯郭茅巴老曹」，還有丁玲、趙樹理、蕭軍、錢鍾書、沈從文、聞一多等，也就是說，除了早逝或來臺的作家外，所有留在大陸上的作家都被視爲「附匪」、「投共」，他們的人與文都成了「漢賊不兩立」政策下的犧牲品。1950 年代「白色恐怖」期間，對稍有疑慮的「不良書刊」均嚴查嚴禁，即使是來臺作家的作品也屢遭取締，例如與張道藩、任卓宣等人發起成立「中國文藝協會」、極力提倡反共文學的孫陵〔註 2〕，他於 1947 年在上海出版的長篇小說《大風雪》，1953 年在臺再版，卻於 1956 年遭保安司令部查禁，直到第二年才解禁。禁書羅網之嚴密可見一斑。

「禁書年代」形成的原因其實主要與政治有關。被視爲腐蝕人心、違背社會善良風俗的「黃色」與「黑色」，不過是「保護色」，眞正要查禁、打擊的是「赤色」，因爲國民政府失去大陸江山的原因很多，其中源於文學與文化戰線的潰敗被普遍認爲是一大主因，三十年代作家遂被視爲中共崛起、坐大的搖旗手，三十年代文學因此成了醜化國民政府的幫兇。以著有《三十年代作家論》的姜穆爲例，他之所以研究三十年代文學，是因爲「覺得三十年代這十年中的文學活動，對社會及民心士氣的破壞極大，尤其是對中共的叛亂

〔註 2〕孫陵（1914～1983），山東人，成長於哈爾濱，「九一八事變」後開始寫作。抗戰期間寫下一系列戰地小品，1941 年於桂林創作長篇《大風雪》，抗戰勝利後在上海從事文藝工作。1948 年來臺，主編《民族報》副刊，鼓吹戰鬥文藝，與張道藩、任卓宣等人籌創「中國文藝協會」。創作之餘，也在中國文化學院等校任教。

竊國，具有相當的助力。」〔註 3〕因此他支持政府的查禁政策：「從三十八年底到五十年這段期間，雖然沒有什麼偉大的作品出現，可是堵住中共的思想滲透，維護了廣大群眾的健康心理，鼓舞了反共的鬥志，才有今天的安定和發展，卻是不爭的事實。」〔註 4〕記取「血的教訓」，認清三十年代文學在國共鬥爭中的文化統戰工具角色，是促成他著書立論的「用心」。即使是對魯迅的介紹，他也毫不掩飾地說：「我之所以費了不少時間，把魯迅有關方面的資料串連起來，目的是讓人知道魯迅是個什麼樣的人，更讓人們明白當局爲什麼堅持不開放魯迅作品三十年代書本流佈的原因。」〔註5〕這種基於歷史教訓的政治敏感性，對魯迅等左翼作家的作品高度警覺的戒心，應該說在解嚴之前還存在於不少作家的思想中。

對來臺的國民黨，或是文藝作家們，回首這一段慘痛的歷史都不免有股難言的悲楚。姜穆就說：「這是刻在我們心版上的一塊永遠都無法除掉的傷痕，回顧三十年代的文學，……證實我們的確失敗在文學和文化的工作上，只是很少人，尤其當年從事這方面工作的人，沒有勇氣去檢討，並且承認這方面的失敗，導致經濟的崩潰、政治的腐化、武力的瓦解。」〔註6〕國民政府到臺灣後，並非「沒有勇氣去檢討」，相反的，對失敗的文藝政策做了沉痛且持續的檢討，只不過，檢討後的對策不是「正視」，而是選擇「忽視」和「不視」，於是，爲了避免「重蹈覆轍」，凡是具有左翼色彩的作家作品都被定位爲「不良書刊」而遭到查禁的命運。蘇雪林也認爲查禁有其必要，她直言：「臺灣以前諱言大陸新文藝，是怕將左翼文壇介紹進來，產生不良的影響。因爲左翼文藝的煽動和破壞的力量實在太大，過去我們領教已太多了，爲了防微杜漸，這種措施也是必要的。」〔註7〕在「反共復國」的政策下，當局透過國

〔註 3〕姜穆：《左聯與共產國際的關係》，《三十年代作家論》（臺北：東大圖書公司，1986 年），頁 1。姜穆（1929～2003），貴州人，1945 年加入青年軍，1949 年隨軍隊到臺灣。擔任過編導、副刊編輯，他曾服務過的《青年戰士報》、黎明文化公司，都具有軍方背景。出版過小說、散文、戲劇、雜文、評論等近五十部，《三十年代作家論》是他較爲滿意的作品之一。

〔註 4〕姜穆：《一百兩黃金打倒多少人馬》，《三十年代作家論》，頁 31。

〔註 5〕姜穆：《魯迅與共產黨》，《三十年代作家論》，頁 52。

〔註 6〕姜穆：《三十年代作家論・自序》，頁 3。

〔註 7〕蘇雪林：《中國二三十年代作家・自序》（臺北：純文學出版社，1983 年），頁 3。此書原名《二三十年代作家與作品》，原於 1979 年由臺北的廣東出版社印行，後因該出版社結束業務，者收回版權，經修改內容後，交由純文學出版社易名重新出版。蘇雪林（1897～1999），安徽人，1921 年赴法求學，返國

家力量，運用法令規章，清除一切可能危害統治的可能，本就是維護政權的習見手段，書刊查禁不過是國家機器操作下的一小部分而已。

「禁書年代」在 1980 年代初期開始鬆動，1987 年解嚴後正式結束，被「綁架」的三十年代作家紛紛在臺灣出版市場相繼露臉、上場，他們的傳記和作品選集成了一段時間書市銷售的「主力」，但長期查禁的結果，這些作家在臺灣讀者心目中所形成的陌生、疏離感，並不因爲開放和自由閱讀就得到大幅改善。研究並在大學講授中國現當代文學的學者呂正惠就感慨地說：「雖然在我閱讀精力最旺盛的時候，這些作家的著作在臺灣全部被列爲禁書，但 1987 年解嚴以後，我還是陸陸續續買了他們許多作品，並且，利用零零碎碎的時間多少讀了一些。如果要問我，他們『在臺灣的研究情況與影響等』，我只能感歎的說，除了錢鍾書之外，喜歡讀書的一般臺灣讀者對他們是沒有興趣的。我曾幾次開過中國現代文學的課程，學生對這種課程基本上沒什麼興趣。」即使是新文學史上最負知名度的魯迅，在臺灣特殊的文化語境中也因查禁而陌生，因陌生而疏遠，因疏遠而興趣缺缺了。呂正惠舉有一例可以印證此一怪異的現象：「記得有一位韓國學者來臺灣參加學術會議，在會後聊天中，曾經這樣說：我在中國大陸或者日本，都可以跟人家聊魯迅，但在臺灣就很難聊得起來，感覺很奇怪。這就典型的表現了中國現代文學在一般學者中的份量。」〔註 8〕

這其實並不奇怪。在禁忌的年代，三十年代作家因蒙上神秘的面紗而有特殊的吸引力，但在開放的年代，卻又因長期的隔閡而未受到市場或讀者青睞。可以說，三十年代文學在臺灣面臨的是「雙重失落」的命運。

三、政治迷霧下的「誤區」

顯然，三十年代作家作品在政治迷霧下，從大陸到臺灣，都沒有被實事求是、回到文學本質來公平看待。在「禁讀」的年代，這些作家被誤解，作品被誤讀，所謂「作品評介」，所謂「作家臉譜」，背後不乏作者特定的政治

後曾任教於安徽省立大學、蘇州東吳大學、國立武漢大學等校。1949 年再赴法國研究，1952 年來臺，先後任教於臺灣師範大學、成功大學。她以研究《楚辭》聞名，此外亦從事文藝創作，包括小說、散文、劇本、翻譯、文藝批評等，最著名的作品爲說集《棘心》、散文集《綠天》。

〔註 8〕以上引呂正惠的說法，參見其發表於《文訊》第 332 期的文章《尋找一種關係：他們和我們》，2013 年 6 月，頁 66。

立場，即使試圖從「學術」角度來立論，但字裏行間因涇渭分明的政治色彩而有心或無意的「誤讀」仍隨處可見。

以《我熟識的三十年代作家》作者孫陵爲例，他在抗戰時期從事戰區文化工作，勝利後又在上海從事文藝工作，與許多三十年代作家都有直接且密切的往來，如 1938 年蕭紅一個人在武漢，他多次去幫她忙，「沒事的時候常常談起哈爾濱來」〔註 9〕；和駱賓基在桂林《自由中國》刊物通訊處合住了半年；1938 年冬，和臧克家同在第五戰區工作，兩人經常徹夜暢談；巴金和他從 1936 年到 1949 年通訊頻繁，時相往來，巴金將他的稿件介紹發表，還親自送稿費給他，讓他感激不已；至於郭沫若，抗戰時擔任軍委會政治部第三廳廳長，孫陵是他的機要秘書，獲得郭沫若的充分信任：「他把他底圖章都給了我，鑰匙也交給我，接見不相識的客人是我，保管機密文件是我，拆閱他底信件是我，另外全廳的人事工作也是我。」〔註 10〕也因爲這份職務，他結識了田漢、陽翰笙等。正是這些難得的機遇，使他寫出了《我熟識的三十年代作家》。此書確實寫出了一些交往的秘辛，具可讀性，但不時出現對中共的仇視與批判語句，政治立場鮮明，則使此書不免蒙上宣傳性的教條色彩，尤其是「匪」字連篇，很能讓人體會到國共鬥爭時期「敵我分明」的情勢。例如：

> 社會上有不少的人，深中共匪毒素而不能自覺，妄倡爲目的不擇手段之謬論。「爲目的不擇手段」是共匪的指導原理，我們是爲目的必擇手段的。
>
> 從「文學革命」發生到今天，已經過了五十年之久，匪區文藝呈現著史無前例的專制，無恥，不學，無文，這眞是新文學運動的一大諷刺，也是一大悲劇。
>
> 三十八年大陸淪陷之後，郭沫若可以說是「官」居一品，飛黃騰達了！但是蔣總統底眼睛還是和過去一樣仁慈，手還是和當日一樣溫暖，郭沫若總不會忘記的吧？爲什麼卻歌頌起「親愛的鋼」來了呢？〔註 11〕

這不像是文學評論之作，倒像是政策宣導手冊了。當然，我們知道這是特殊

〔註 9〕孫陵：《蕭紅》，《我熟識的三十年代作家》（臺北：成文出版社，1980 年），頁 7。

〔註 10〕孫陵：《郭沫若》，《我熟識的三十年代作家》，頁 103。

〔註 11〕以上三段引文，分別引自孫陵：《我熟識的三十年代作家》，頁 22、38、96。

時代底下的特殊產物，介紹作家生平與交往固然重要，但表明反共立場、呼應政策方針或許才是作者眞正的意圖，而這樣的意圖自然會使得內容有誇大、失眞之嫌，立論難以持平，史料難以服眾。

就目前所見的幾部以討論三十年代作家爲宗旨的著作，可以歸納出以下三種寫作策略，這三種寫作策略不能說完全出自爲黨派服務的政治「動機」，只能說這是國共鬥爭歷史的延續，在時代語境下的政治「意識」，使他們的筆端「自然流露」。這樣的策略顯然在當時產生了一些影響，但隨著學術研究觀念的更新，史料掌握的更加確實，加以兩岸政治情勢的演變，意識型態主導的威權不再，他們在文章中曾經「深信不疑」的許多論點，現在看來可能是「啓人疑竇」的偏見。陷在重重政治迷霧中，我們輕易可以見到作家被操弄，作品被扭曲，文學史被「創造」，影響所及，至今還無法完全「撥雲見日」。

1. 強調其被清算鬥爭的悲慘命運，凸顯中共迫害作家的殘酷本質

目前所見的「三十年代作家論」，幾乎都甚少在文學上著墨，而是圍繞著作家與時代、政治的糾葛來論述，特別是許多作家在文革期間的遭受迫害與清算，是臺灣這方面著作最常「大書特書」的重點。

丁望的著作《三十年代作家評介》〔註 12〕就是最典型的例證，他在書中評介了茅盾、巴金、吳祖光、臧克家、黃秋耘、秦牧、王任叔、唐濯、周揚等九位作家，而這九位作家的共同點是左翼色彩鮮明並受到中共的清算迫害。例如臧克家「被中共清算鬥爭，歷經苦難，後來從北平送到湖北省咸寧縣鄉下，在所謂『五七幹校』服苦役三年。」寫過借古諷今的歷史小說〈杜子美還家〉的黃秋耘，在文革開始後成爲清算對象，「他成了『文藝黑幫』，後來被送到『五七幹校』和農場服勞役數年。這是大陸作家普遍的命運。」至於王任叔（巴人），在 1960 年「被列爲『修正主義分子』，遭受冷酷的鬥爭，失去職權和寫作機會。」〔註 13〕這樣的敘述在書中「隨手拈來」，這本書可說

〔註 12〕丁望（1940～），曾任香港《明報》副總編輯兼中國新聞主編、《明報月刊》叢書部總編輯、《潮流》月刊總編輯等，並曾擔任香港中文大學新聞系群眾播導研究中心研究員、美國東西文化中心訪問學者。目前專事寫作及研究。《三十年代作家評介》一書，爲其 1977 年陸續發表於臺灣《中國時報》「人間」副刊上文章的結集，後由時報文化出版公司於 1978 年 1 月出版，4 月又由香港明報月刊社出版，書名改爲《中國三十年代作家評介》，並增加了劉白羽、周而復、邵荃麟、周立波、張春橋、袁水拍、張光年、姚蓬子、張庚等九位，篇幅增加了一倍。

〔註 13〕以上對臧克家、黃秋耘、王任叔被清算的敘述，引自丁望：《三十年代作家評

是「三十年代左翼作家的清算史」，是一個階段政治氛圍下的產物。由於只介紹了九位作家，還不算是「集大成」之作。眞正對三十年代作家的「悲慘下場」做詳盡、完整介紹的應屬姜穆。他用了《三十年代作家論》、《三十年代作家論續編》、《三十年代作家臉譜》三本書來集中呈現，統計下來，他專文探討的三十年代作家至少有 52 位。即使是以趣聞軼事爲主的《三十年代作家臉譜》，他也不忘帶上一些文革期間遭受迫害的描寫，將個人的愛恨情仇與時代的滄桑浮沉相聯繫，其「苦心孤詣」已可窺見。

姜穆本是小說、散文作家，並非學者，多年的報刊編輯經驗使他清楚一般讀者的「期待視野」，也因爲在具軍方色彩的《青年戰士報》等報刊工作，他深知這樣的題材最符合「政治正確」。於是，我們看到他寫胡風、王任叔因受不了折磨而精神分裂，老舍被紅衛兵拉去文廟烤燒書之火，極左的姚雪垠逃不了被鬥爭的命運，馮雪峰被劃爲右派下放勞改，潘漢年成爲階下之囚等等。即使是 1935 年死於國民黨之手的瞿秋白，姜穆在評介他爲中共的「烈士」時，仍不忘提到他在文革期間被打成「叛徒」，然後「紅衛兵挖了瞿秋白母親的墳墓，暴骨於野」〔註 14〕，強調共產黨的清算鬥爭是連死去的人也不放過的。在討論《巴金的矛盾》時，對他被拉到上海「遊鬥」、在「五七幹校」挑糞、家人被連累等慘況，自然會是文章「渲染」的一大重點；至於曾經「替中共搞學運，做文藝的馬前卒，把最美好的歲月都獻給了共產黨」的王西彥，姜穆強調的是：「垂暮之年仍然被拉去遊街鬥爭，下放勞動。巴金也做了八年的牛鬼蛇神，王西彥比他被捕還早些，一個老人受那種虐待，令人鼻酸。這也是一個講鬥爭的共產黨員應有的下場。」〔註 15〕用「應有」來形容，姜穆的政治態度表現得再清楚不過了。

2. 強調其失去創作自由，以對比「自由中國」的良好創作環境，開明的社會風氣

姜穆帶有總結性的見解很具有代表性：「滯留在大陸上的作家中，不乏飽學之士，如巴金、茅盾、老舍等都有深厚的學養，然而，他們都沒有好的作品，唯一的解釋是他們缺少了自由。」〔註 16〕在介紹沈從文的寫作生涯時，

介》，頁 72、103、141。

〔註 14〕姜穆：《二元人物——瞿秋白》，《三十年代作家論續集》（臺北：東大圖書公司，1989 年），頁 34。

〔註 15〕姜穆：《過河卒王西彥》，《三十年代作家論續集》，頁 202。

〔註 16〕姜穆：《具有風骨的蕭軍》，《三十年代作家論》，頁 192。

他也不忘提醒道：「在淪陷前，他才四十七、八歲，已經寫了數十本書，而四十多歲正是一個作家成熟的顛峰狀態，他卻就此停筆，如他寫到今天，『著作等身』絕對名副其實，可惜他的機遇很壞，沒有自由寫作、自由發表的環境，扼殺了天才。」〔註 17〕姜穆的思考邏輯很簡單，只要是「陷匪」作家，就不會有作品，因為失去創作自由，相比之下，臺灣的自由環境自然有利於作家才華的充分發揮。

三十年代創作力驚人的巴金，在 1949 年以後創作的質與量均大不如前，對此，丁望的分析是，巴金因為不是共產黨籍，在海外反而有些影響力，於是成了中共的「統戰工具」，安排他擔任「全國作家協會」副主席等沒有實權的職位，整天送往迎來，苦不堪言，「缺乏寫作的自由環境和時間，文學生命也乾枯了。」即使在文革之前還是出版了《華沙城的節目》、《生活在英雄中間》等幾部通訊集，但也被批評為「奉命之作，脫不了政治宣傳的調子」〔註 18〕，換言之，他失去了創作的自由，遂再也無法達到三十年代的寫作高峰。

孫陵在回憶與蕭軍的交往時，也指出作家們失去自由的可悲，他的「反共話語」直接且尖銳：

> 我常想：蕭軍的悲劇，完全是他自己造成的。他的悲劇是果，而他的前往延安，參加共產集團是因。有因必有果，造何等因結何等果，乃是最科學的眞理。其實不僅蕭軍如此，便是胡風、丁玲、蕭乾、沈從文等人，又何嘗不是「咎由自取」？……回思三十年前的今日，正值大陸陷匪前夕，舉國滔滔，如中瘋魔。……當時我便看出這些人只有讓共匪來現身說法，親自教訓他們，然後才會有醒悟的一天，只是至今為時已晚，等到共匪的猙獰面目眞正被他們認識的時刻，他們的自由也早已喪失淨盡了。〔註 19〕

作者的寫作意圖，主要在凸顯中共對作家的控制與利用，使作家失去自由創作的空間，甚至連性命都難以自保，藉以營造出一個血淚交織的「悲慘世界」，雖然書中並無一語歌頌臺灣得以自由創作的「美麗世界」，但作者的寫作策略無須太多推敲亦能「心領神會」。

〔註 17〕姜穆：《「行伍」作家沈從文》，《三十年代作家論》，頁 299。

〔註 18〕丁望：《傾向無政府主義的巴金》，《三十年代作家評介》，頁 46、47。

〔註 19〕孫陵：《蕭軍》，《我熟識的三十年代作家》，頁 32。

倒是另一位在臺灣1950年代的反共文學潮流中扮演重要推手的作家陳紀瀅〔註20〕，他在所寫的《三十年代作家記》中就毫不含蓄地張揚「自由世界」的可貴，對他曾經交往過的三十年代作家，更是多處流露出對他們因陷「匪區」失去自由的嗟歎與感傷。例如老舍，他就惋惜地說：「如果老舍來臺灣的話，他可以充分活躍在創作的天地中，必然會寫出許多赫赫著作，像現在這樣悲慘的結局是絕對不會出現。」〔註21〕與他相交多年、研究文藝理論的羅蓀，他在文中除了追憶昔日共事的情景，也擔心羅蓀留在大陸可能受到的煎熬，文末遂語帶深情地說：「今生今世，能否再見，只有天知！但願藉此小文，以慰相思，並致無限關懷之意，同時希望他能找到機會，早日投奔自由世界，享受眞正的自由生活。」〔註22〕這樣的結語，或許有發自肺腑的祝願，但也給人宣傳八股的教條意味，如此筆法，在反共宣傳的集體氛圍下已經司空見慣，成了一代人寫文章時起承轉合結構上最安全、最不傷腦筋，但也最無實質意義的一種表現方式。

3. 批判其文學理念，否定其文學表現

丁望在《三十年代作家評介》的《前言》中，對三十年代左翼作家的整體文學表現持批判、否定的態度，他說：

> 三十年代的文學作品，好的並不多；左翼作家的創作，能讀得下去的更少，它們不脫宣揚階級對立和「革命」的公式，人物形象缺乏藝術性，說教的味道較重。總的說來，三十年代作家，大多數的寫作技巧相當粗糙，思想認識也膚淺，沒有多少可值得今天的寫作者「吸取」之處。〔註23〕

於是，他做了結論：「我們對三十年代的文學作品，不必太過重視，更不必『迷信』。」〔註24〕這樣的推論顯得武斷且情緒化，或許正如他自己所言，寫

〔註20〕陳紀瀅（1908～1997），河北人，哈爾濱法政大學畢業。早年從事郵務工作，1931年起進入新聞界，主編《大公報》副刊，並在武漢與友人創辦《大光報》，得以結識許多三十年代作家。業餘從事小說、散文創作。1949年來臺，擔任立法委員，並與張道藩、王平陵等人成立中國文藝協會，在1950年代臺灣的反共文學運動發展中扮演重要角色。

〔註21〕陳紀瀅：《記老舍》，《三十年代作家記》（臺北：成文出版社，1980年），頁12。此書後來又易名《三十年代作家直接印象記》於1986年由臺灣商務印書館出版。

〔註22〕同前註，頁231。

〔註23〕丁望：《三十年代作家評介・前言》，頁7。

〔註24〕同前註。

作之時正是中共「文化大革命」非常劇烈的時候，不免有政治意識上敏感的「呼應」。

以詩聞名的臧克家，在國共內戰期間出版了詩集《寶貝兒》、《生命的零度》等，多帶有政治諷刺性，在丁望看來，全都是「配合中共的政治宣傳」，「有政治的功能，而欠藝術深度」，他並因此得出一個總結性的看法：「在大陸文藝界，作家總是受到重重的政治壓力，在身不由己的情況下，寫歌功頌德的口號詩，並不是眞情的流露，這種應付政治運動的八股，沒有藝術生命，也不受讀者歡迎。」〔註25〕對於三十年代重要的社團「左聯」，他也不認為有何值得肯定的文學表現：「參加『左聯』的人，有才氣的人不多，大多數人寫出來的小說詩歌，一味宣揚『階級鬥爭』，充滿政治火藥味，藝術性很差，胡也頻、殷夫等人的詩歌或小說，便是代表。」〔註26〕丁望反對把文學解釋為階級鬥爭的反映，更反感於宣揚中共黨性文藝的八股教條，基於這樣的解讀立場，他對左翼作家的表現採取一概否定的態度也就不難理解了。

研究中國現代文學多年且著述甚勤的陳敬之〔註27〕，在他的《三十年代文壇與左翼作家聯盟》一書中，除了介紹左聯的發展始末，主要還是針對左聯的代表作家魯迅、瞿秋白、周揚、徐懋庸、胡風等人的生平事蹟、文學表現加以評述，故亦列入討論。陳敬之對左聯的文學理念與活動多所批判，認為它擾亂了現代文學的正常發展，其源於意識型態的評論風格在他的行文語氣中可以略知一二，例如：

> 「左聯」在當時的上海實已成爲匪黨「文總」的管轄之下的一支生力軍，同時也成爲匪黨整個的叛亂運動比較重要的一環。……它不僅使原有左傾思想的許多文藝作家如蟻赴膻如蠅逐臭一般的向它集中，由它役使；……同時也爲共匪文化戰線造成了大亂天下的基礎。
>
> 由於魯迅一生「坎坷」，到處「碰壁」，因而所孕育所形成的那一種對任何人、事、物，都覺得「分外眼紅」，好像務要毀盡殺絕而

〔註25〕丁望：《三十年代作家評介．前言》，頁85。

〔註26〕同前註，頁134。

〔註27〕陳敬之（1912～1982），湖南人，早年從事教育及地方行政工作。來臺後，一直致力於近代史的整理研究，故對現代文學研究亦頗有心得，撰寫相關文章百餘萬字，結集出版有《文學研究會與創造社》、《中國文學的由舊到新》、《中國新文學的誕生》、《現代文學早期的女作家》、《早期新散文的重要作家》等多部，均由成文出版社印行。

後快的殘酷性格和仇恨心理，與共產黨的那一套一切皆從「恨」字出發的哲學，幾乎完全不謀而合，這當然成爲共黨之所以要爭取他與他之所以要傾向共黨的一個最基本最主要的因素。而他們之間所以能夠臭味相投和沆瀣一氣，其故也正在此。〔註 28〕

在這本以批判左聯作家爲主的書中，陳敬之還寫了巴金，這是唯一一位並未加入左聯的作家，其實陳敬之對巴金的文章與人格是頗爲讚賞的，行文中並無太多情緒性的不滿，但在「反共」的時代話語體系下，他還是「不能免俗」地做了一番從政治角度的責難：「不僅在抗戰期間使得曾經被他的作品所感染的許多青年，其中由此而思想左傾，馴至離家棄學，間關輾轉到陝北去上『抗大』、打游擊，並以投身匪黨引爲『光榮』的亦所在多有。」即使是 1949 年以後，「他的作品那股不酸不腐和又辣又熱的味道，是如何的適合大陸匪窟所謂『黨團青年』們的需要。」〔註 29〕這樣的評論方式，反映的是解嚴之前特殊的文化症候與思想景觀。

姜穆對三十年代作家的研究，以今日學術嚴謹的眼光來看，同樣存在許多充滿想像但缺乏明確論證的誤區。他寫過幾篇對魯迅的評論，幾乎從文章到人格，都從批判、否定的角度下筆，例如他在討論魯迅與端木蕻良的關係時說：

由魯迅對端木的心態，可見魯迅也只是一個搞門户、派系的文藝老頭，愛護青年作家也者，都是爲了培養自己的勢力，他在蔣光赤等人一陣痛打之後，仍然坐上「左聯」的金交椅，沒有別的，只爲了做文藝界的領袖。魯迅的文章固然辛辣有力，也有許多可取之處，但他究竟是人，不是神，也有七情六欲，所謂愛護青年作家、培植青年作家，裝成一副長者慈善心腸，都爲一己之私而已。〔註 30〕

語氣中帶著輕蔑不屑，刻意醜化的用意十分明顯。以這樣的立場，很難對三十年代作家有公允的評價，於是我們看到他對魯迅從廣州跑到有租界庇護的上海是這樣的解釋：「固可證明魯迅的賊心，便利協助共黨『創造革命條件』」，進而推論「可知租界在中國造成多少罪惡」，甚至激動地指責：「我們

〔註 28〕這兩段引文，分別引自陳敬之：《三十年代文壇與左翼作家聯盟》（臺北：成文出版社，1980 年），頁 8、59。

〔註 29〕陳敬之：《創造了小說時代的巴金》，《三十年代文壇與左翼作家聯盟》，頁 201～202。

〔註 30〕姜穆：《端木蕻良的鄉土色彩》，《三十年代作家論》，頁 218。

可以看出魯迅的尖酸刻薄，表面是一個讀書人、自由主義者對世諷諫，骨子裏實在是一個比共產黨人更共產黨的殺手級作家」〔註 31〕；在評論艾青時，除了以「文藝弄臣艾青」爲題，在揭發了他一連串人格與文章的醜陋之外，結論竟然不客氣地說：「這位當年在『延安座談會』上，爲毛澤東獻過策的詩人，雖然已經七十多了，卻是一個盲了一生的『作家』，嚴格的說，這篇評介的文字都是浪費，只是爲了揭開他的眞面目，也只好浪費了。」〔註 32〕在評論丁玲時，他用的形容詞是「丁玲是連軟骨都沒有的冷血軟體動物」，這已經不是評論，而是謾罵了；還有胡風，姜穆認爲沒有什麼好的創作，充其量只是一個「文評家」，「可惜此間無法讀到他的作品，因此有一種神秘感。我曾假定，有一天此間能讀到他的作品，揭開了那點神秘感，胡風也就不怎麼樣了。」〔註 33〕這樣的「假定」實在沒有說服力，而這樣的描述背後其實是因政治隔閡所形成的「誤解」所致，但在「反共」的時代氛圍與文藝政策下也不難「理解」了。像這樣的研究誤區，在解嚴之前無疑是相當普遍的現象。

四、道德迷思下的「誤區」

最後，我想再談蘇雪林的《中國二三十年代作家》。這位具代表性的早期研究三十年代作家的學者，同時也是以《綠天》、《棘心》等創作馳名文壇的作家，將她自 1932 年起在武漢大學擔任新文學課程所編寫的講義，加上來臺後新寫的文章，重新編排增改，於 1979 年出版此書。相對於前述幾位作者，蘇雪林的這部「研究專著」不僅學術性較濃，而且除了對魯迅、郁達夫、郭沫若等少數作家有不假詞色的批評外，對其他三十年代作家的剖析評騭均有獨到且中肯的見解，特別是她能針對作品的寫作技巧和藝術成就提出具開創性與深刻性的看法，這一點迥異於其他幾位作者以「人」爲主的觀察，這是本書的特色，也是重要的價值。馬森在評論此書時便稱許道：「既不拾大陸馬列主義的牙慧，也不俯就臺灣反共政策的要求，她很自信地提出自己的主張，特別對作品的評鑑，常有一針見血的精辟之論，亦足令人歎服。」〔註 34〕由

〔註 31〕姜穆：《魯迅與共產黨》，《三十年代作家論》，頁 46、51。

〔註 32〕姜穆：《文藝弄臣艾青》，《三十年代作家論》，頁 391。

〔註 33〕姜穆：《胡風與周揚生死之鬥》，《三十年代作家論》，頁 109。

〔註 34〕馬森：《一種另類的現代文學史觀——論蘇雪林教授〈中國二三十年代作家〉》，《聯合文學》第 15 卷第 12 期，1999 年 10 月，頁 139。

於他的審美立場具唯美主義傾向，所以對文字表現與意境等較爲重視，對寫實主義則語多保留，左翼作家的現實性強，自然不易入其法眼，但她對左翼陣營中的象徵性作家茅盾並不排斥，相反的，她認爲茅盾的小說「能夠充分表現時代性」，對社會現象的解剖——特別是對農村破產的描寫如《春蠶》一類，讓人讀了「絕不會毫無感動的」。她甚至以現代中國「文學界的巨人」〔註 35〕來推崇茅盾在新文學史的地位，足見她對寫實主義儘管不很欣賞，但也能夠接受。

然而，她對魯迅、郁達夫、郭沫若三人的評價卻幾乎一文不值，甚至認爲對社會人心危害匪淺，究其因，或許誠如馬森所言：「由於蘇教授早年所受儒家思想的陶冶及後來天主教徒的背景，她相當強調一個作家的品格，特別是有關男女之事，蘇教授尤其敏感。」她對郭沫若、郁達夫的不屑，一部份原因即來自「二人生活的糜爛」〔註 36〕。也就是說，蘇雪林批判魯迅、郁達夫、郭沫若，主要不是政治和文學的原因，而更可能是來自於對這些作家人格的「深惡痛絕」。她那好惡分明的強烈主觀學術個性，在對這些人犀利得「過火」的文辭中清楚地傳達出來。如果她瞧不起此人的人品，儘管對其文學成就不致於全盤否定，但筆下則毫不留情。最明顯的例子自然是魯迅。她在此書的自序中坦言：「魯迅文筆固不壞，品格之低連一個起碼做人的資格都夠不上」〔註 37〕，因此，儘管在書中對魯迅的小說表示肯定：「魯迅的小說雖僅有《吶喊》和《徬徨》兩部，而已足使他凸出文壇，眾皆刮目。」同時也十分推崇魯迅的諷刺雜文，並特別欣賞《野草》的「特創的風格」，認爲「不但爲舊文學所無，也爲新文學所罕有」〔註 38〕。然而，他對魯迅人格的全面否定與攻擊卻又令人匪夷所思，如指責他「心理有極深病態」，「晚年更瘋狂得厲害，幾乎成了他自寫的『狂人』」；「頤指氣使，爲所欲爲，順我者生，逆我者死，文壇沒有一天的寧靜，宛然成了古往今來獨一無二的文藝界暴君」，結論是：「魯迅是一個關係世運興衰的大妖孽」〔註 39〕！這樣情緒性的形容出自一位治學嚴謹的學者，難怪新文學史研究者黃修己會說這樣的批評已達到「過

〔註 35〕以上蘇雪林對茅盾的看法，引自蘇雪林：《中國二三十年代作家》，頁 406、408。

〔註 36〕同註 31，頁 144。

〔註 37〕蘇雪林：《中國二三十年代作家・自序》，頁 6。

〔註 38〕同前註，頁 288、211。

〔註 39〕同前註，頁 603、606、609。

份出格、離譜」〔註 40〕的地步。以「道德」的神聖性來批判文學，本身已經偏離了文學的本體，何況帶有成見與偏見，要令人心服談何容易？

和上述幾位男性研究者相比，蘇雪林的「火氣」、「敵意」實在有過之而無不及，尤其是她認為：「中國近代史的悲劇，魯迅要負很大的責任，是以我對別的左傾文人寬恕，對魯迅則否。」〔註 41〕對魯迅「不寬恕」的態度，和魯迅死前表明「一個都不寬恕」〔註 42〕的激憤同樣令人「印象深刻」。平心而論，除了對這三位作家以道德人格來冷嘲熱諷之外，她對三十年代作家作品的解讀與評論還是能不落俗套，別出機杼，至今看來也還有一定的啓發性。

五、解禁鬆綁，回歸學術

文學的本質是自由的，格局是開闊的，它訴諸人的思想與情感，在眾聲喧嘩中展現出人情之美、人生之愛。不論是為普遍人性書寫，還是為民族、階級服務，每一種思想都不宜被絕對化、凝固化，更不宜被政治給「意識型態化」。然而，綜觀二十世紀文學的歷史發展，之所以存在許多禁區與誤區，少部分因為個人恩怨，大部分還是因為政治立場、社會體制的對立與爭鬥。現代文學的寫作與研究，從一開始就因為與時代社會的密切互動性，而受到了許多文學以外因素的滲透、干擾。這是現代文學因其「使命」所衍生的「宿命」，幸與不幸很難簡單論斷。但歷史已經多次證明，文學不應該成為政治的「轄區」，更不宜成為軍事的「戰區」，因為如此一來，文學最終將成為「災區」。

從以上這些中國現代文學研究者的著作中所反覆出現、刻意強調的政治中心話語型態的分析中，我們看到了臺灣在「動員戡亂」的戒嚴年代下的複雜社會心理與時代語境。正如米歇・傅柯（Michel Foucault，1926～1984）所說的：「重要的不是話語講述的年代，而是講述話語的年代。」他們採用這種否定式的政治型態中心話語，對文學史進行充滿個人激情的設想與解釋，顯現出冷戰階段的二元對立思維，在某個意義上，這種意識型態鮮明的評論，其實有點近於「自言自語」，是一種帶有成見的自我幻象與自我滿足而已，其

〔註 40〕黃修己：《談蘇雪林的〈中國二三十年代作家〉》，收入陳國恩主編：《蘇雪林面面觀——2010 年海峽兩岸蘇雪林學術研討會論文集》（黑龍江人民出版社，2011 年），頁 6。

〔註 41〕蘇雪林：《中國二三十年代作家・自序》，頁 6。

〔註 42〕魯迅：《死》，《且介亭雜文末編》，《魯迅全集》（北京：人民文學出版社，1993 年），第 6 卷，頁 612。

深層意識恰恰是一種集體不安、焦慮的心理折射。

臺灣的「三十年代作家論」，顯示出國共雙方曾經存在過的激烈思想對立與政治對抗。在禁書的年代，上述幾位作家學者願意投注長時間的心力，蒐羅可以找到的材料，冒著碰觸「禁區」的風險，寫下這些有「歷史意義」的作品，這種精神怎麼說都是值得肯定的。只是，當年因為政治力介入的「禁區」所導致的一些意識型態上的「誤區」，同樣值得釐清或商榷。如今，所謂「禁區」早已自由敞開，但對三十年代作家的研究，特別是左翼作家的認識，仍存在著一些因隔閡所形成的「誤區」。可以說，在臺灣，「三十年代作家」雖已「蓋棺」，但「三十年代作家論」則尚未「論定」。慘痛的歷史已經清楚昭示：我們可以做批判性的討論，但不能做策略性的否定。只有回歸學術自身，不斷拂去歷史塵埃，各種有形無形的禁區、誤區才有真正消失的可能。

柒、民國上海的英文期刊環境與林語堂的創作轉型

張睿睿[*]

【基金項目】

本文為成都大學青年教師人文社會科學基金「留美體驗與現代文化選擇」（2010XJR22）階段性成果。

摘要：上世紀 30 年代的上海，大批中國知識分子投身英文期刊的創辦，帶動並形成了新的中外知識分子交流的公共空間。林語堂積極投身其中，在跨語際的書寫實踐中開拓了全新的發展空間。本文將結合民國上海的英文期刊創辦環境，深入文本細緻分析他運用詞語的「以中化美」和行文隱喻的新嘗試。考察他這種創作轉型，代表的同時代知識分子希冀重建中華文化認同感的複雜心態。

關鍵詞：林語堂，英文期刊，跨語際實踐，創作轉型

* 張睿睿（1983～），女，四川成都人，四川大學文學與新聞學院 09 級博士研究生，成都大學文學與新聞傳播學院講師。2011 年 4 月至 2013 年 5 月，訪學於美國新罕布什大學（University of New Hampshire）語言文學與文化學院。主要從事中國現當代文學文化研究、對外漢語教學研究。

在民國歷史文化與作家的寫作實踐這個大問題下，包含著新文學的發生問題、現代文學地位的確立、中國文學轉型中全新空間的開創等核心問題的研究。「文學的民國機制」理論視野，能夠引導我們回到歷史現場、重新審視文化的具體性，對作家的語言選擇、書寫模式、自我形象的社會定位等問題進行深度的考量〔註1〕。清王朝覆滅以後，在新的社會體制下，中外交流日趨頻繁。歷史文化的大變革，於上個世紀 30 年代在「中西交匯」的上海醞釀。大批中國知識分子開始轉向用英語創辦期刊，帶動形成了中外知識分子交流的公共空間。在新文化運動落潮以後，這股英文期刊的辦刊熱潮，逐漸改變過去在北京形成的、對西方文化引介爲主的「譯入」風氣；開始主動「譯出」，介紹傳播中國文學及文化思想，打造上海獨特的中外交往景觀。這一時期的知識分子，希望尋求並更新中華民族的認同感，以化解近代以來中華民族的文化危機。本書將探討上海時期的林語堂，如何在這個階段的特定歷史文化之下，通過轉向英文的寫作實踐，重新確立自身的地位，並開拓出「引中入美」的發展空間。

一、英文報刊：民國機制下新的生存空間

1930 年代，開放的上海，成爲中國與西方世界交流的重要舞臺，也是中外知識分子聚集的文化大都市。自 1927 年以來，中國政壇風雲變幻，大批教育界文化界的知識分子「好像受著神秘的力量驅使似的」，「像候鳥一樣成群結隊、不約而同地離開他們原來的棲居之地向上海遷徙」〔註2〕。魯迅南遷，在廣州做了很短暫的停留後，選擇移居上海。他和大多數遷居上海的知識分子一樣，通過爲報刊撰稿、自行創辦刊物及出版社等，獲得了豐厚的稿酬和版稅，一改過去領俸祿的教育部官員和大學教授的身份，成爲了以寫作和出版爲謀生手段的自由職業者。歐美遊歷歸國的胡適，日本留學返回的夏衍、李初梨、馮乃超等，在北京的丁玲、沈從文、聞一多、饒孟侃等和在南京的余上沅、梁實秋等彙集爲一股文化遷徙洪流，向上海匯攏。林語堂也在 1927 年離開了武漢，到上海來發展。

中國的出版界因大量文化人才匯流，迎來了前所未有的期刊出版「黃金

〔註1〕李怡：《文學的民國機制》，《海南師範大學學報（社會科學版）》，2012 年第 4 期，第 1 頁。

〔註2〕曠新年：《1928 年：革命文學》，濟南：山東教育出版社，1998 年版，第 19 頁。

時代」。不僅中文期刊如雨後春筍般高質量大規模地湧現，而且還開創了現代知識分子嘗試創辦英文期刊的先河。這其中，以《中國評論周刊》（The China Critic，1928 年創刊）和《天下月刊》（T'ien Hsia Monthly，1935 年創刊）的影響最大，爲中西文化交流史上拓展開一片全新的天地。

陳石孚在《林語堂先生與我》的文章中，以親歷者身份回憶了林語堂參與編輯這兩大期刊的過程。「中國評論周刊出版不久以後，蒙林先生看得起，自願效勞，每期撰寫專欄一篇，題名爲 The Little Critic（小評論），每篇都是富有風趣的小品文，題材包羅萬象」，「在這百忙之中，林先生又參加了一種新創辦的學術刊物的編輯工作。這個刊物於民國二十四年出版創刊號，取名《天下》，據說是由當時的立法院長孫科先生所資助」〔註 3〕。陳石孚畢業於清華大學，後赴美留學，回國後自 1928 年起於國民黨中央政治學校任教，與林語堂多有交往。當時在上海的清華大學校友們創辦了《中國評論周刊》，陳石孚任編輯之時，邀請了林語堂爲該刊編稿。1935 年由溫源寧主編的《天下月刊》創辦，林語堂也參與編務並時常在上面發表文章，此外錢鍾書等大批有西學背景的知識分子也投入其中。因此，這兩份英文期刊，在上海眾多的英文刊物當中，是相當有分量的高水準出版物。

林語堂先用英文創作發表文章。就同一主題，他後來又用中文重寫再次發表。以 1930 年爲例，作品整理如下〔註 4〕：

英文題目	發表情況	中文題目	發表情況
The Function of Criticism at the Press Time	*The China Critic, III*，1930 年 1 月 23 日，第 78～81 頁	《論現代批評的職務》	《大荒集》，第 1～9 頁
Marriage and Careers for Women	*The China Critic, III*，1930 年 6 月 19 日，第 584～586 頁	《婚嫁與女子職業》	《論語》第二十四期，1933 年 9 月 1 日，第 881～883 頁
A Hymn to Shanghai	*The China Critic, III*，1930 年 8 月 14 日，第 779～780 頁	《上海之歌》	《論語》第十九期，1932 年 6 月 16 日，第 669～670 頁
If I Were a Bandit	*The China Critic, III*，1930 年 8 月 21 日，第 804～805 頁	《假如我是土匪》	《論語》第四十四期（我的話），1934 年 7 月 1 日，第 924～926 頁

〔註 3〕陳石孚：《林語堂先生與我》，《傳記文學》第 6 期，中華民國 66 年（1977 年），第 8 頁。

〔註 4〕其他年份林語堂的雙語作品，筆者已經搜集齊備，今後將另做研究。

Ah Fong, My House-Boy	*The China Critic, III*，1930 年 9 月 4 日，第 853 頁	《阿芳》	《論語》第三期，1932 年 10 月 1 日，第 10～12 頁
Han Fei as a Cure for Modern China	*The China Critic, III*，1930 年 10 月 9 日，第 964～967 頁	《半部韓非治天下》	《論語》第三期，1932 年 10 月 16 日，第 82～83 頁
My Last Rebellion Against Lady Nicotine	*The China Critic, IV*（*The Little Critic*），1930 年 11 月 20 日，第 1119～1121 頁	《我的戒煙》	《論語》第六期，1932 年 12 月 1 日，第 190～192 頁

「民國機制」下，新的社會政治結構結合上海的商業經濟因素，推動了社會文化與文學綜合的發展。作家在民國的經濟方式保證與限制中，與特有的向西方敞開的社會文化環境合圍，產生了用英文向外交流的獨特精神訴求〔註 5〕。當時上海文學的商業化進程，不僅改變了中國知識分子的身份，也轉換了文學創作的性質。從林語堂進入上海、到 1936 年全家移居美國，這將近 10 年間，他除了先後創辦或參編爲人熟知的中文期刊雜誌《論語》、《人間世》、《宇宙風》、《西風》，還於 1930 年爲新辦不久的開明書局編寫了三本當時最成功的教材：《開明英文讀本》；此外，他還在英文雜誌《中國評論周刊》和《天下月刊》等一系列期刊上創作並翻譯了大量的中文作品。他的版稅收入豐厚，讓他徹底擺脫了過去文人士大夫的政治仕途理，能專心投入自由創作之境。當時單就《開明英文文法》一項，版稅數額就龐大之極。開明書店因而時常與他爭執，最後才折中爲每月支付 700 銀元。當時，一個普通的銀行職員月薪不過 70、80 元，林語堂一個月的收入能有 1400 元。作爲作家這是極爲特別的，就連魯迅也眼紅地挖苦他說「靠寫教科書發財致富」〔註 6〕。

像林語堂這樣身兼數職的文人，大有人在。如此，擺脫了「經世」束縛、獨立自由，能夠秉持迴異文學主張和文化傾向的知識分子們，立足於英文辦刊。這讓文人圈內部形成複雜交錯的交流格局，也幫助構建起與外國文化名人進行對話、更爲廣闊的交往空間。

林語堂在這種環境中左右逢源，大規模地借助英文，開啓了跨語際層面上的溝通平臺。他把中國文化介紹引薦到西方世界，爭取閱讀英文人士和西

〔註 5〕李怡：《民國機制：中國現代文學的一種闡釋框架》，《廣西社會科學》，2010 年第 6 期，第 132～135 頁。

〔註 6〕徐訏：《追思林語堂先生》，《傳記文學》第 6 期，中華民國 66 年（1977 年），第 26 頁。

方世界的同情，並向外表達了中國人全新的文化主張。他的努力，吸引了正旅居於中國的賽珍珠的注意〔註7〕，也奠定了林語堂日後全面展開英文寫作的基礎。

二、林語堂橋架東西的創作轉型

（一）詞語上的「以中化美」

過去，林語堂在北京，多是用中文寫作，爲「新文化運動」助陣。現在到了上海，他注目於英文期刊的創作。他嘗試的「英中」報刊文章創作，之所以把「英」放在「中」之前，說明了林語堂鮮明的「讀者意識」。它針對的讀者群體非常特殊，是中國能閱讀英文的人。這些人，位處當時中國社會的中、上層，是極其特別的精英階層：有在華的外國官員、學者、傳教士等，更有從英美「海歸」的中國精英。而從他的報刊作品發表的具體日期來看，當時他創作的互爲對照的雙語小品文，也都是先有英文作品，後來才再「重寫」成中文作品的。

這對中國現代文學研究，長期僅限於單一的語言性前提下（中文創作）來討論，提出了新的挑戰。一旦進入能涵蓋林語堂轉向同時用英文、中文雙語寫作的系列作品研究，必然和跨語際的實踐問題分不開；而且林語堂的跨語際實踐在大多數情況之下，其英文創作要早於中文的創作，有的甚至要早出幾年。這些雙語文本，絕非簡單字面翻譯的一模一樣，而是由一對雙語文本構成了某種獨異的雙向類同關係〔註8〕。不僅面對的讀者不同，語際穿梭本身文章結構、內容上的調整刪減，就連寫作的時間和重寫的語境也不一樣。

如果說，不同語言進行翻譯轉換的時候，自然包含了權力運作在其中。薩義德在其影響深遠的《東方主義》及其後期研究中，開創了話語分析模式，以批判西方殖民史、帝國主義史及種族中心主義歷史的一整套後殖民理論範式〔註9〕。那麼，當人們把歐洲文獻翻譯成土著語，不也同樣包含了顛覆殖民

〔註7〕秦賢次：《談林語堂》，林語堂：《諷頌集》，臺北：志文出版社，中華民國55年（1966年），第3頁。

〔註8〕錢鎖橋：《引言》，《林語堂雙語文選》（中英雙語版），香港：香港中文大學出版社，2010年版，xliii頁。

〔註9〕觀點參見：〔美〕薩義德：《東方主義》，王宇根譯，北京：三聯書店，2000年版，和《文化與帝國主義》，李琨譯，北京：三聯書店，2003年版。

霸權的意識形態抗衡嗎？拉費爾研究西班牙人在菲律賓宣講上帝福音，認爲在傳播上帝詞語時，不得不使用土著的世俗語言，就很好地限制了殖民——基督教擴張〔註 10〕。不過，無論是薩義德，還是拉費爾，他們都存在把東西方之間的關係，簡化爲權力的本土抵抗與西方統治二元論邏輯之下的問題。如此二元對立的絕對劃分，是否過於武斷？忽略了東西文化邊界常常是模糊的，而能隨條件變化、相互影響滲透的？〔註 11〕本部分將討論林語堂關於美國《獨立宣言》不同版本間的「語言遊戲」，展現跨語際交流詞語策略的另一種可能性：中文（非歐洲語言）並非自動歸屬於抵抗英文（西方語言）的話語權力場域，並在其多次與英文的互動中，和英文一道產生神奇的「能動」作用。

關於美國《獨立宣言》英中互爲對照的文章：英文名爲《中文的第一堂課》（*First Lesson in Chinese Language*），中文名爲：《今譯〈美國獨立宣言〉》。林語堂以其天才的語言能力，通過遊戲般駕馭字、詞、句，自由穿梭在中英雙語之間，展現了其「以中化美」詞句策略的強大能效。

林語堂把當年標準中文譯本的《獨立宣言》又譯回英文，其英文題目就有深意。*First Lesson in Chinese Language*，內容明明針對美國獨立宣言的不同版本，卻取「中文的第一堂課」爲題，既能吸引英文讀者的注意，又在暗示隱喻「詞語遊戲」能夠達到的效果。在開篇的小引的最後一句，林語堂更是按美國人思維，「幽了美國一默」：「如果大家讀了我的文章，中文都沒有任何提高進步，那我這篇不是白寫了；當然這是絕對不可能的」〔註 12〕。

全文更是竭儘其英文運用之能勢，可以說，把英文全面「中文化」了。在詞語上，把英文轉化爲中文的獨立單字，按照中文習慣重組、甚至雙音疊詞。在句式上，互文對照；破除了英文句式單一主、謂、賓，並運用多種重句來修飾限制的特點。整個句式語法習慣，渾然一體、纏繞交融，呈現出中文的整體統一行文，非英文表達的直線式思維。文章風格形象化、生活化，也是體現、隱喻了林語堂提倡的語錄體白話文風。

〔註 10〕〔美〕拉費爾（Vicente Rafael）：英文版《建構中的殖民主義》，琦色佳：康奈爾大學出版社，1998 年版，第 21 頁。

〔註 11〕〔美〕羅薇（Lisa Lowe）：英文版《殖民地帶：法國和英國的東方主義》，琦色佳：康奈爾大學出版社，1991 年版，第 7 頁。

〔註 12〕英文原句如下，正文爲筆者的中文翻譯。「If my readers' Chinese is not hereby improved, then I have written in vain, which is of course impossible.」

下面舉例分析一二，中文爲筆者對照按字翻譯：

Heaven punish our people, country's affairs daily wrong.

上天懲治人民，國事每況愈下。

We decided to self-stand and not look up to other people's nostril-breath.

我們決定自立，絕不仰人鼻息。

Hence this declaration to show that we no can not stop it.

所以，這個獨立宣言就是説明我們忍無可忍了。

Ask heart no shame.

問心無愧。

Look heaven no hide. This heart bright-bright.

天象徵徵，我心明明。

Ten thousand years and years together watch!

萬年同證！

詞語上，林語堂把英文轉化爲單字表意的新詞。像 self-stand, look up to other people's nostril-breath，就是斷裂爲「單字」再重組的英文新詞。Self 是自己，stand 是站立，合在一起，就是「自立」的意思。中間按用連字符連綴，既符合英文組詞習慣，又生動形象的表達出：要自立門戶、從英國殖民地附屬身份獨立出來的英勇神氣。Look up to other people's nostril-breath，也是逐字翻譯：仰看別人鼻子裏的氣。同樣符合英文表達習慣，通順的基礎上又帶上了漢語特有的生活化、生動的表現力。這樣類似的詞彙，滿篇皆是。林語堂爲方便英語讀者，深入領悟其妙處，在文尾乾脆整理了一個詞彙表，專門列出此類富有中文鮮活表現力的新「英文詞」。

句式上，Ask heart no shame. Look heaven no hide. This heart bright-bright. Ten thousand years and years together watch!（問心無愧。天象徵徵。我心明明。萬年同證。）不僅引入了漢語互文示意、語義迴環特點，甚至還讓英文也押韻。讓英文讀者充分體會了雙聲疊韻（bright-bright），和詩文上下句也對仗押韻（Hide 和「bright-bright」同押 I [ai]韻），樂音上也照映迴環。

文意表達上，傳達出中國文化「天人合一、順應天意」的隱喻含義。「上天懲治人民，國事每況愈下」，告訴了英文讀者，中國人的思維習慣和處世方式，相信上天和自然的具象表徵，認爲出天災是人世該罪。國家若要革新變更，就要遵循天象的啓示來行爲。同時，這能表達了中國人的習性：安命守恒。不到「忍無可忍」，不得「天象徵徵」，不會起來革命。同時，按謹小愼微，要有「萬年同證」，上天和時間爲證，才會行動。

上述舉出的英文例子，就是林語堂跨語際的詞語「遊戲」，徹底跳脫了後殖民主義理論及其相關思維範式的「抵抗——控制」的二元模式的充分體現。他創造性地把翻譯成中文的文本，按照中文習慣再次翻譯回英文。在中英兩種文化環境，借用、挪用、化用，從此處向彼處來回運動，達到了「引中入美」的詞語層面的完美實踐。

在本雅明的論文《翻譯者的任務》〔註 13〕一文中，對翻譯者的身份保持了一種難能可貴的自我反思。他想提醒人們，嘗試走出二元對立的文化相對主義的老套陷阱，超越原文和譯文的框架，來重新思考可譯性的問題。在他看來，一部作品是否可譯，一要看能否找到稱職的譯者，二要這部作品的性質適合翻譯，並要求被人翻譯閱讀。依據他的思考，原文和譯文必須服從於第三種概念，即純語言，像「巴別塔」要傳達的上帝之言一般，不再意指或表達任何東西，像聖經一樣，在所有語言中都有意義。林語堂的所做，正是如此。他是一個具有語言天賦，能在中英詞語句式間自由轉換的好譯者。他立足的美國《獨立宣言》或者是後來別的「引中入美」的作品，都是立足於人性基礎上、人類共同的追求獨立自由、眞善美的「第三種概念」。所以，他的詞語「遊戲」，達成了新的功效，讓不同語言之間的關係更具備「互補性」〔註 14〕。原文和譯文，英文和中文，都互相補充互相汲取，從而創造出比單純的翻版或複製更爲豐富的意義。

在林語堂的這些作品中，英語文本和漢語文本雖然是獨立的文本，但它們在同時又組成一種類同的雙向關係。詞語句式的策略，讓它們相互關聯，正如本雅明所說「世界上沒有任何其他一種完整性，能夠代替這樣一種完整性，或者說，這樣象徵性的互補性」〔註 15〕。林語堂由此「以中化美」，從

〔註 13〕〔德〕本雅明：《翻譯者的任務》，收入佐恩（Zohn）英譯：《啓迪》，紐約：思科恩書屋，1968 年，第 70～80 頁。

〔註 14〕關於本雅明的互補性觀念，後來德里達在重新思考翻譯時獲得新的重要性，即翻譯不再是「某種絕對純粹的、透明和明確的可譯性和視野內」語言之間意義轉換的問題。具體見〔法〕德里達：《立場》，拜斯（Bass）英譯，芝加哥：芝加哥大學出版社，1987 年，第 20 頁。

〔註 15〕詳細觀點見〔法〕德里達：《巴別塔》，格蘭漢姆（Graham）英譯，收入格蘭漢姆編：《翻譯中的差別》，琦色佳：康奈爾大學出版社，1985 年，第 201 頁。

而衝破後殖民理論二元對立的局限，在眞正意義上，展開了橋架東西的黏合匯通。

（二）行文中的隱喻介入

在「翻譯」中國文化時，創新性地運用詞語的能動作用，是林語堂「引中入美」創作轉型的利器之一。同時，他還在文章的行文安排裏加入了中文的思維方式，並且嘗試用全篇來隱喻相關的中國文化。

海德格爾曾在與日本對話者手冢富雄進行一個著名的語言實驗裏，戲劇性的印證過東西方之間翻譯的不可能性：因為西方科學和哲學，只有通過概念，來尋求對語言的把握；而東方語言卻全然相反。這種西方思維的規約，無可避免地造成了西方語言本身的局限性。〔註 16〕那麼，要穿越不同語言的界限，就要求翻譯者實現跨文化的某種獨特模式，即必須克服一種語言涵蓋的範疇不具普遍意義，在翻譯中，另一種語言卻達不到或者衝突的情況。儘管學術層面，研究者開始對翻譯行爲進行哲學層面的自我反思；現實生活中，人們卻因急需閱讀翻譯，仍舊一如既往地依賴母語的範疇，去獲得對另一種文化和語言的認同。所以，翻譯家們，也還津津樂道巴別塔的故事，用它來象徵人類最初交往的混沌狀態。這裡面，表達了人們對語言多樣性造成無法翻譯的嗤之以鼻，也開啓了做到盡善盡美地傳達上帝原初之意的期望。這就是：如何通過翻譯，穿透不同語言的差異，把他們之間相似的東西和歸根結底共同存在的根源，揭示並發揮出來。可以說，所有的翻譯理論，都是對這麼個單一的、不可規避的問題的變體〔註 17〕。

A Bamboo Civilization 和《竹話》〔註 18〕這組雙語小文章，就善用「牽一髮而動全身」的中文思維，從生活實體「竹子」談起，穿透中英語言表面上的差異，勾連隱喻了整個中國文化的進程。*A Bamboo Civilization*，是「竹的文明史」的意思。林語堂用 civilization 一詞入手，引起關注「文明、教化、進化」等功效的西方讀者的興趣。再加上一個 bamboo，介入東方思維的形象

〔註 16〕〔德〕海德格爾：《走向語言之途》，孫周興翻譯，收入《海德格爾選集》（下），上海：三聯書店，1996 年，第 1049～1050 頁。

〔註 17〕〔美〕斯泰納（Steiner George）：英文版《巴別塔之後》，倫敦：牛津大學出版社，1973 年，第 261～262 頁。

〔註 18〕林語堂：A Bamboo Civilization 和《竹話》，收入錢鎖橋編：《小評論：林語堂雙語文集：英漢對照》，北京：九州出版社，2012 年版，第 402～411 頁，下文出處同此，不再注。

化——代表中國雅文化、君子高潔的竹，很好地在標題、文眼裏埋下中國詩文隱喻的種子。

中文版開頭是「夏天一來，傍晚乘涼，睡在一張竹榻上，清爽無比」，因此勾起了對內地農民生活用竹的一番遙想。英文版，則不然。從中國詩詞多竹詩的雅文化開頭，先引出蘇東坡「Rather eat without meat than stay in a house without bamboos」（食，可無肉；居，不可無竹）的名詩。再講到中國人重視視覺享受，詩詞文化中多是有關花和樹的美文雅詞。順勢總結出：很少有人注意到中國人的文明進程，與樹有關，直擊全文的文眼。下面以竹爲例，展開這種樹，對南方農業生活生產的重要性。牽住「竹」之一髮，線索清晰、順勢而下，全面動開「竹」在中國人生命中的文化功效。

從極小處的「竹」的話題入手，直言要拋開經世之學的大話題。「I am noting down here for my curiosity, and that of others incompetent to talk of Sino-Japanese relationships, one hundred kinds of articles made of bamboos.」（*不是要打擾*自己*的興致，就連那些大談特談中日關係的大文章，也不知道寫去了多少籠竹子。*）林語堂諧趣玩笑地暗示出，中國爲世界貢獻的四大發明之一的造紙術，離不開「竹子」這原料。他一下把話題又扯回到「竹」。只從自己感興趣的、與竹相關的事閒扯開來，由「竹」牽線、勾起鄉思，想到了位於南方的故鄉，聯繫中國人與竹的親情。

下面簡單地一筆帶過說；與竹有關的話題太多，比如放在「筐」一詞之下，就不能盡數。他開始詳細分類，介紹竹的各種用處。

A, Frist let us begin with the use of baboom poles

B, Sawed off into rings, or short joints, it serves as things

C, Cut into sticks or smooth boards of different thickness, planed or bent over the fire, it serves as things

D, Split and woven, or otherwise cut and plied

E, Its leaves are used in making things

F, Other sundry, but equally important, uses are so many

首先是作爲主干支撐物的竹子功用，到做成環形、或者關節聯合處的用處，再到切成條、削成棍兒，火烤處理之後的用處，竹皮竹篾細分後的用處……最後，是做爲輔助性材料，但同樣重要的種種用處。林語堂眞是用心搜羅、一一歸類。從竹的各種方式使用描述裏，隱喻了中國的文明史、中國文化的特點。竹的美，從詩意到生活生產生命的實在效用，正如中國文明的搖曳多姿、又變化多端，中國文化的既注清雅，又重實際。

林語堂「以小見大」，把中國思維和隱喻暗藏向英文讀者的述說中。英中互文的「小評論」選擇了「小」，正是體現了林語堂專注的西方人慣用之視角：個體生命體驗。

林語堂自 1928 年起就爲《中國評論周刊》撰稿。有著傳教士家庭出身和聖約翰、留學歐美教育背景的他，在上海時期，既反感當局「法西斯式」的言論控制審查，又不滿「普羅主義」意識形態的純潔專橫。基於自身跨語言文化的背景和專業特長，他選擇了這類用雙語寫作幽默的、「打擦邊球」一般的社會批評小品——立足於自身眞切感受，描摹正方興未艾的現代日常生活，尋求「多元開放、理性容忍、智性獨立」〔註 19〕的一種全新的現代風尚。

當他身處上海東西文化碰撞，他便敏銳地把握和分析了那些最格格不入的衝突和問題，評說其變遷與矛盾所在。整體來看，這些首先用英文、然後再用中文創作的「小」品文，包含了人生三大方面的主題：第一是從個人角度關心中美不同的治國思路和人文精神，第二是關於生活本眞層面的思考，從說話和使用的語言，談到人生態度婚姻關係。第三是涉及日常的娛樂和休閒話題。這些從「小事」而引發的個人生氣淋漓的感言，避開歷史進程中關乎家國、民族命運的「大事」，到也另闢了「五四」落潮之後，30 年代大上海的「海派風尚」之現代性情懷。即，如李歐梵論述《申報》「自由談」專欄以幽默調侃式文風，「打擦邊球」一般來試探政府的監控審查底線；開啓了現代中國媒體的自由傳統，爲公眾批評提供了公共空間〔註 20〕。這種情懷，便是既反右又反左，努力尋求自由的公共空間，以便知識分子能夠有尊嚴地進行自由的社會批評。有學者認爲這種努力和胡適開啓的現代中國自由主義路途一脈相成，儘管採用不同的形式來表達，依然是表達其自由主義的觀點〔註 21〕。在林語堂看來，啓蒙工程在 30 年代的中國仍然是未盡的事業。他在

〔註 19〕錢鎖橋：《引言》，《林語堂雙語文選》（中英雙語版），香港：香港中文大學出版社，2010 年版，xxxv 頁。

〔註 20〕李歐梵：《批評空間的開創——從〈申報〉「自由談」談起》，《二十一世紀》，1993 年版，第 50 頁。

〔註 21〕錢鎖橋：《引言》，《林語堂雙語文選》（中英雙語版），香港：香港中文大學出版社，2010 年版，xxxvi 頁。

上海英文期刊環境中的寫作實踐，體現了他一貫以來直至生命最後「去政治化」的傾向，從不捲入任何黨派的政治宣傳和鬥爭中。但他也從不忘天下大事於自我的美學天地之外，而是面對迅速兩極分化的立場，力求保持自由言論的公共空間。這，便是林語堂形成並堅守的自我美學風格，他找到了另一種「引中入美」的全新路徑。

三、「引中入美」發展空間的最終確定

這種用心投入英文期刊編寫的轉向，代表了林語堂等一批現代文化人，在新的維度，找到適合自己特點和拯救家國命運的不同策略。

由「逆動」一改西學東漸之風，顛覆翻譯引介西方著作和思想入中國的路數，採用「譯出」爲主導方式，把大量中國文學和文化的精品翻譯、改寫並推薦到西方。「經過五四運動的洗禮，中國文化和文學距離以西方爲主體的世界更近了，但卻與自己的傳統更遠了。更爲糟糕的是，一些五四的先驅者們在砸爛孔家店的同時，竟然把中華文化象徵的儒學中的一些積極的因素也全然摒棄了，所導致的結果便是後來出現在當代中國的『信仰危機』」〔註22〕。當年的新文化運動的旗手魯迅，輾轉於廈門、廣州，最後到了上海，做了自由撰稿人；拉起現代白話文大幕的胡適，埋頭進入到「國故」的整理中。而在武漢國民政府短暫參與過政治的林語堂，則開啓了在上海由英文小品文寫作走向對外宣傳中國文化的旅程：這是林語堂找到的另一種繼承民族文化傳統，又吸收西方文化思想，探索中國文化現代性建構的新思路——表面上看來是「逆動」，實則是林語堂從調整自身做起，對西方現代文化另一種形式的認同。

到1939年上海出版的近60種外文雜誌種，有30多種爲英文雜誌〔註23〕。上海作爲遠東的現代大都會，也吸引了眾多西方知識分子駐足。後來出版了《紅星照耀中國》的斯諾，就在1928年到上海擔任《密勒氏評論報》助理主編。出於對中國現代文學的濃厚興趣，斯諾在中國作家翻譯家姚克的幫助下，選編了中國現代作家們的短篇小說集，取名《活躍的中國》（*Living China*）在1936 年於英國出版。此書成爲最早向西方世界傳播中國文化的作品之一。林

〔註22〕王寧：《文學研究中的文化身份問題》，《外國文學》，1999 年第 4 期，第 35 頁。

〔註23〕熊月之主編：《上海通史．第十卷民國文化》，上海：上海人民出版社，1999 年版，第 332 頁。

語堂也開始嘗試做與斯諾相同的，介紹中國的英文寫作。正是因爲林語堂在《中國評論周刊》上發表了眾多文筆活潑清新的英文文章，才有機會結識到賽珍珠，促使他最終轉向了前往美國，長達 30 年的英文寫作。

林語堂在 30 年代的雙語世界行文中，透出作爲一個普世現代人的開放大器。能欣賞不同語言文化的雜交混居，也能容忍古怪畸形的異質紛呈。比如在《爲洋涇浜英語辯》當中，林語堂熱情洋溢地盛讚其符合世界大同的發展趨勢，還表達了它 2400 年必定會成爲「唯一受尊重的國際語言」〔註 24〕的期望。他相信現在英語流行的表達如「telegraph」、「telephone」、「cinema」、「radio」都逃脫不了被洋涇浜詞語——現代漢語經由日語詞彙翻譯引進、再翻譯售出的「electirc report」（電報）、「electric talk」（電話）、「electric shadow」（電影）、「no-wire-electricity」（無線電）所取代的命運。正如「Long time no see」（好久不見）這句由中文語法、借英文語詞表達的句式在當代美國成爲慣用習語一樣，混合了異質語言特點的洋涇浜英語，有朝一日會成爲全球語言的通行大勢。這裡自然包含了林語堂幽默的文風，但恰好擊中了現代語言發展的重要特徵：「雜交」。正如現代英語詞彙和語法裏混入了大量了如德語、法語等外來成分，現代日語的片假名完全吸納英譯的西方詞彙一樣，「雜交」也是現代漢語得以發展成形的重要途徑，更是中國現代性的一大特徵。30 年代開放的上海也是雜交的一大典型。全增嘏曾於 1930 年在《中國評論周刊》上發表《怪城》一文，用古希臘的亞歷山大作比上海，林語堂緊接著寫作了《上海之歌》來呼應。因爲上海是座怪異的城市，融匯了世界各地不同膚色的人，有「教會學校的學生，留英美的海歸，口操標準倫敦腔英語，可有時又講得不倫不類」……這裡盛行頽廢文化，但「到處有人給你推銷神秘主義、肉欲主義、懷疑主義、唯美主義、普羅主義，等等，等等……每年由三等人寫出大量書籍，再被四等人抄襲模仿，然後被五等人閱讀」〔註 25〕。但林語堂卻認爲，這正體現了現代性爲何物，鑒於其雜交紛呈的怪異，不平衡的參差錯落，還不如微笑著爲上海唱首讚歌吧——「我想像你的怪異奇詭」，那些「失了忠厚的平民與失了書香的學子」如「失了言權的報章與失了民性的民族」，豪奢與貧乏同在、淫靡與頽喪共舞，「你這偉大又玄妙的大城，東西濁

〔註 24〕林語堂：《爲洋涇浜英語辯》，《論語》第 23 期，1933 年 8 月 16 日，第 837 頁。

〔註 25〕全增嘏：《怪城》（*TheTerribleCity*），《中國評論周刊》，1930 年 7 月 17 日，第 682 頁。

流的總匯」。「你這中國最安全的樂土，連你的乞丐都不老實」。「我」要「歌頌你的浮華、愚陋、凡俗與平庸」。林語堂見怪不怪，反而爲其大唱讚歌。可見他早已有了身爲「現代人」、「世界人」的心態，能淡定容忍地生活於上海這座「現代怪城」當中的寬闊見識。

林語堂在上海嘗試英文期刊的創作，和後來英文寫作的《吾國吾民》於美國的大獲成功，讓他感覺徹底應用英文、大打文化策略之牌，將是契合他自身長處來溝通中美交流的良策。民國上海英文期刊的環境，給了林語堂過渡轉型的契機。從此，他由英文爲主的雙語創作，轉向了全面英文的創作，重新確定了他日後三十年在海外「引中入美」的發展空間——繼續在語言和文化層面實現跨文化交流的對接，把英文「改造」成中文的另一種表達，並內在深入地引介中國文化；架設起一座更爲淵深宏大的中西交流之橋。

捌、民國機制和郭沫若的創作及評介

張武軍*

【基金項目】

本文係 2012 年度國家社會科學基金項目「西部文化與中國抗戰文化的關係研究」階段性成果，項目編號：12XZW021，項目主持人，張武軍；係重慶 2010 年度重大哲學社會科學招標項目「多元文化與渝派文化」研究階段性成果，項目編號 2010CQZDZ03，項目主持人，張武軍；係 2011 年度教育部人文社會科學研究項目「西南地域文化和中國抗戰文學關係研究」階段性成果，項目編號：11YJC751121，項目主持人，張武軍。

* 張武軍（1977～），陝西大荔人，文學博士，西南大學文學院副教授，主要從事民國歷史文化和文學研究。

2012 年是郭沫若誕辰 120 週年，郭沫若的研究或將迎來一個新的契機，也許會遭遇更多的挑戰。稍微回顧近幾十年來的郭沫若研究，我們就不難發現，在中國現代文學史和文化史上，沒有那個人能像郭沫若這樣會引起如此截然不同的評介，肯定者贊其爲百科全書式的文化巨人，否定者貶其爲不學無術的文化小丑；有人稱頌他是不懼白色恐怖反對國民黨專制壓迫的無產階級文化戰士，有人嘲諷他是膽小懦弱屈從專制政權的御用文人；欽佩其人品高尚的，要發揚郭沫若精神，批判其人格低劣的，要反思郭沫若現象。這就是我們不得不正視的郭沫若研究中的兩極評判，以及由此引發出來的郭沫若的兩極創作問題。

儘管肯定郭沫若的和批判郭沫若的爭執十分激烈，甚至雙方都帶有了謾罵之詞，但是在這表面爭執的背後，有關郭沫若的兩極評判很少交集在同一時段。肯定郭沫若的和批判郭沫若的各自所找尋的證據支撐是錯位的，例如否定方提出郭沫若如何投機、懦弱、膽小，大都列舉郭沫若建國後尤其是「文革」中的事例，而肯定方的反駁也大都列舉建國前郭沫若如何不懼專制獨裁，追求個性、自由、民主。有關郭沫若文學成就的評判同樣如此，郭沫若建國前的詩歌和戲劇常常被肯定者稱之爲巔峰之作，而批判者也會拿出郭沫若建國後的詩歌提出質疑，這還是詩歌嗎。

毫無疑問，建國前後郭沫若的創作和評價之間有一條巨大的鴻溝。也有學者想用一些闡述概念來填平這鴻溝的存在，如賈振勇先生用「人民性」來貫穿郭沫若建國前後的創作和評價，這種努力從某種程度上更加證明了這條鴻溝的難以逾越。既然郭沫若建國前後創作和評價如此迥異，爲什麼我們不能選用一種正視這種前後差異性的闡述框架來解讀郭沫若呢？

對我們審視郭沫若的兩極評判和兩極創作問題很有啓發的是李怡提出的文學民國機制。李怡在很多文章都闡述了他對文學民國機制的理解，在他看來，民國機制是指文學文化生存發展過程中的體制因素，「在如今最需要我們正視和總結的東西便是一種能夠促進現代中國社會與文化健康穩定發展的堅實的力量，因爲與民國之後若干的社會體制因素的密切結合，我們不妨將這種堅實的結合了社會體制的東西稱做『民國機制』。」〔註 1〕具體說來，文學生成的民國文化機制包括了「民國經濟機制」、「民國法律機制」、「民國教育

〔註 1〕李怡：《「五四」與現代文學「民國機制」的形成》，《鄭州大學學報》，2009 年第 4 期。

機制」，以及由此影響的作家的「精神氣質與人文性格」等。〔註2〕

毫無疑問在現代作家當中，和體制結合較爲緊密較爲明顯的當屬郭沫若，中華人民共和國時期是如此，中華民國時期亦如此。由此從文學的民國機制來闡述和評判 1949 之前的郭沫若不僅可行，而且大有必要。過去，我們對郭沫若的闡述總在無產階級革命史的框架下展開，從五四時期的自由個性到 30 年代對無產階級革命文學的提倡，再到抗戰時期成爲革命文化的班頭，包括郭沫若自己在後來也是這樣建構自我的發展軌迹。這樣的描述似乎主要是在驗證無產階級革命歷史發展的必然性，而郭沫若，尤其是建國前郭沫若的豐富性和複雜性在這樣的描述中就被遮蔽了。事實上，任何一個人並不是爲著某種必然性而存在，而生活，人的一生充滿著各種偶然，各種意想不到。中國現代文學的發展同樣也不是爲了驗證無產階級革命的必然性，它有它自身發展演變的邏輯，有它自身存續的外部機制因素，即我們所說的文學民國機制。

一

首先，從文學的民國機制入手，我們可以看到郭沫若進入中國革命的複雜性，進而我們可以更豐富地理解他的革命文學的議題，以及由此進入到他的文學創作。

郭沫若投身國民革命並參加北伐的這段經歷，過去我們常常認爲是中國共產黨人推動，並和中國共產黨的革命過程大體同步。蔡震先生對這段史料作了翔實的考證和新的解讀，在他看來郭沫若大革命時期的政治經歷可以概括爲這樣一條發展脈絡：「從赴廣東大學任教到參加北伐，國民黨人看中並選擇了郭沫若，他也選擇了國民黨，並以該黨左派人士的身份投身國民革命之中。在北伐初期以後，郭沫若從蔣介石的行徑中逐漸看出了其反革命的本質而與之決裂，並被開除出國民黨；中國共產黨人則選擇了他，他也選擇了中國共產黨。」〔註3〕由此可見，郭沫若在大革命時期，作爲國民黨員的他和國民黨的政治聯繫更爲緊密，當然，還原郭沫若與國共兩黨關係的複雜性，其

〔註2〕 李怡：《從歷史命名的辯證到文化機制的發掘》，《文藝爭鳴》，2011 年第 13 期，另見李怡：《民國機制：中國現代文學的一種闡釋框架》，《廣東社會科學》，2010 年第 6 期。

〔註3〕 蔡震：《在與國共兩黨的關係中看郭沫若的 1926～1927》，《郭沫若學刊》，2007 年第 1 期。

目的並非政治立場來替代文學評判。恰恰相反，這樣的還原，有助於我們破除郭沫若革命立場的預設性，由此才能更好地理解郭沫若的革命觀，以及他對革命和文學關係的解釋。

誠然，在參加大革命之前，郭沫若已經有不少文章談到了藝術家和革命家的關係問題，並明確提出了革命文學的命題。可是我們細細分析這些文章，郭沫若大革命之前關於革命文學的闡述中，對革命的理解是籠統的含混的。他的革命觀首先是來自對日本一些革命理論著作的閱讀和翻譯，例如他曾經翻譯了日本河上肇的《社會組織與社會革命》，郭沫若多次談到了這本書對他思想觀念的影響。在 1924 年 8 月 9 日，郭沫若曾經寫信給成仿吾，談及自己翻譯《社會組織和社會革命》後和過去的自我告別，「芳塢喲，我們是生在最有意義的時代的！人類的大革命的時代！人文史上的大革命的時代！我現在成了徹底的馬克思主義的信徒了！馬克思主義在我們所處的這個時代是唯一的實踐。」〔註 4〕在《文藝家的覺悟》當中，郭沫若梳理了歐洲革命演進的歷程，指出現在是第四階級的革命，因而郭沫若「斷金斬鐵」地說：「我們現在所需要的文藝是站在第四階級說話的文藝，這種文藝在形式上是寫實主義的，在內容上是社會主義的。」〔註 5〕郭沫若思想從個人主義到馬克思主義的巨變除了閱讀還翻譯相關理論著作外，還有他當時個人的生活的困境，讓他意識到了階級論闡述的有效性。

不過，書本革命理論的閱讀以及郭沫若自我生活中所感受到的朦朧的階級意識，仍然不足以建構起郭沫若完整的革命文學觀，讓郭沫若對革命文學的理解和闡述落到實處的是國民黨人把他納入到他們的國民革命潮流中。事實上，在當時倡導革命文學最為熱情最為投入的當屬廣東的國民黨。國民黨在廣州的機關報《廣州民國日報》專門開闢了《學匯》副刊，著手建設革命文學，他們積極轉載各地有關革命文學的提倡，網羅和邀請在文學界倡導革命文學的志同道合者。正是因為郭沫若之前對革命文學極力提倡才使得他被廣州方面注意到，因而他和創造社一些早期倡導革命文學的同仁受到了邀請，赴廣東大學即後來改名中山大學任教。在廣東，郭沫若親身體驗到了火熱的革命現實，他除了寫作謳歌革命現實的詩歌《著了火的枯原》之外，還

〔註 4〕郭沫若：《孤鴻——致仿吾的一封信》，《文藝論集續集》，上海光華書局，1931 年版，第 11 頁。

〔註 5〕郭沫若：《文藝家的覺悟》，《文藝論集續集》，上海光華書局，1931 年版，第 11、51 頁。

完成了他最重要的一篇論文《革命與文學》。在這篇談論革命文學分量最重的論文中，郭沫若除了和先前一樣介紹世界革命形勢變遷和革命文學興起的必然性，尤其特別強調了「我們」中國革命文學和國民革命的關係。在文章中，郭沫若反覆談到「外打倒帝國主義」，對內「打倒軍閥」的「國民革命」，是我們文學表現的主要內容，「國民革命」是郭沫若這篇文章中一個關鍵詞。更有意味的是，在這篇論文中，雖然仍有階級論點的表述，號召青年們「應該到兵間去，民間去，工廠間去，革命的漩渦中去」，「你們要曉得我們所要求的文學是表同情於無產階級的社會主義的寫實主義的文學」，但是仔細考察郭沫若有關國民革命和文學階級意識的表述，他實際上對階級意識進行了偷偷的置換。他把階級意識從先前由個人生活貧困所感受到的壓迫，置換成了國民革命中中國所受到的帝國主義和其國內代理人軍閥的壓迫。我們來看郭沫若的具體論述，「我們的國民革命的意義，在經濟建設方面講求，同時也就是國際間的階級鬥爭。這階級鬥爭的事實（須要注意，這是一個事實，並不是什麼人的主張！）是不能消滅的。」〔註 6〕這些論述看似還沿用著階級論的模型，但實際表達的意思更趨向於民族革命，也就是大革命中被奉爲理論綱領的三民主義中的民族主義。今天我們重新回過頭來審視 1925～1927 年的大革命，這場革命運動之所以如火如荼，對青年們充滿吸引力，就在於這場革命的主要目的和價值是落實在民族主義上的。正式基於這樣的革命事實，我們會在郭沫若的《革命與文學》中明顯感受到民族情緒的表達更甚於階級鬥爭的訴諸。

然而在後來 1928 年後期創造社成員如李初梨、馮乃超等人回國後又一次倡導無產階級革命文學時，他們曾把源頭追溯到郭沫若對階級鬥爭意識的提倡，但他們卻忽略了郭沫若投身大革命時所激蕩出的強烈的民族情緒，當然他們同時還忽略了郭沫若歷經大革命巨變後的陣痛和苦悶的情緒，用郭沫若自己的語言來概括，就是他的「恢復」期。在被收入《恢復》集子的詩歌中，儘管郭沫若也在高呼，「我是詩，這便是我的宣言，我的階級是屬於無產」，同時詩人也承認，「不過我覺得還軟弱了一點」，「這怕是我才恢復不久，我的氣魄總沒有以前雄厚」〔註 7〕。在這部大革命之後重要的詩集《恢復》中，個

〔註 6〕郭沫若：《革命與文學》，《文藝論集續集》，上海光華書局，1931 年，第 11、53～74 頁。

〔註 7〕郭沫若：《詩的宣言》，《恢復》，上海創造社出版部，1928 年版，第 27～28 頁。

人的苦悶與家庭生活的窘迫，階級意識的訴求，民族情緒的表達都交織在一起，共同構成了郭沫若大革命之後的心聲。很顯然，這和後期創造社革命文學的倡導並不完全同步，這一切都源於郭沫若的大革命經歷。從這個意義上來說，郭沫若和後期創造社成員擁有共同的理論閱讀經歷，可是在人生體驗和文學實踐上，郭沫若更接近同樣歷經大革命的魯迅和茅盾，這也是郭沫若最初想和魯迅聯合的最重要原因吧。當然郭沫若在北伐革命中曾很接近一些上層人物，他對上層的政治路線和理論綱領更加熟悉，而魯茅對局部細節更有體會些。雖然郭沫若後來徹底「恢復」了從前戰鬥的自我，似乎又成爲徹底的無產階級革命文學的倡導者，但我們如論如何也不能否認他的這段獨特的大革命經歷和「恢復」過程。大革命是郭沫若人生最得意最充實的時刻，大革命也成了郭沫若心中最重要的一個情結，國民革命、三民主義尤其是其中的民族主義都積澱在郭沫若的內心深處。很多年之後，這些積澱在內心深處的東西又重新浮現出來，成就了郭沫若人生又一個輝煌時期，這就是抗戰時期的郭沫若。

二

其次，從文學的民國機制入手，我們也可以還原抗戰時期一個豐富的有著多彩人生經歷的郭沫若。

抗戰時期是郭沫若和國民黨政權走得較近的又一時期，也是郭沫若人生的又一個輝煌期。過去我們總強調郭沫若抗戰時期的「黨喇叭」精神，「革命文化班頭」的地位。事實上，這些描述，如郭沫若在兩個口號中聽從黨的指示而擁護國防文學〔註8〕，周恩來曾向黨內外傳達確立郭沫若革命文化的領袖地位〔註9〕，都是後來人的歷史建構，和郭沫若抗戰時期的實際情形並不完全相符。正如陳俐所總結的，「而 40 年代的郭沫若所持的話語方式，則呈現出非常複雜的情形，怎一個『黨喇叭』了得。」〔註10〕郭沫若抗戰時期的複雜

〔註 8〕有關郭沫若最初對於國防文學的不贊成以及後來得知是黨的政策後表示全力擁護，此相關情形見兩篇文章，藏運遠：《東京初訪郭老》，林林：《這是黨喇叭的精神——憶郭沫若同志》，載新華月報資料室編：《悼念郭老》，生活．讀書．新知三聯書店，1979 年 5 月第 1 版，第 215、156 頁。

〔註 9〕吳奚如：《郭沫若同志和黨的關係》，《新文學史料》，1980 年第 2 期，第 131 頁。

〔註10〕陳俐：《論郭沫若在四十年代民族文化建設中的話語轉型》，《郭沫若學刊》，2003 年第 2 期。

性主要體現在他和國共兩黨的關係上，而過去我們卻往往有意忽略郭沫若抗戰時期和國民黨之間的關係。

郭沫若在大革命後長期受到國民黨政府的通緝而亡命日本，全面抗戰爆發後，郭沫若歸國投入抗戰的洪流。有關郭沫若歸國的始末和所起作用者，廖久明最近做了一系列地考證，尤其是在細節的分析讓人驚歎〔註 11〕，但筆者更同意蔡震先生在大方向上的判斷，「只有經過蔣介石的同意，至少是默許，郭沫若才有回國的可能」。〔註 12〕也就是說，郭沫若歸國投入抗日的洪流首先源自國民黨政府的接納，這是我們必須正視的前提。

此外更為重要的是，郭沫若回國後，不論是當時的輿論宣傳還是郭沫若的自我書寫，都可明顯看出郭沫若和國民黨政府之間的密切關係。郭沫若歸國後，有關他的生平傳記尤其是他的歸國經歷記述，屢屢見諸報端，或刊印成冊，其中較爲引人注目的有殷塵（金祖同）的《郭沫若歸國秘記》，佐藤富子（安娜）的《我的丈夫郭沫若》，楊殷夫的《郭沫若傳》，丁三的《抗戰中的郭沫若》等，包括李霖的《郭沫若評傳》被重版重印刊行〔註 13〕，社會上的郭沫若熱可見一斑。很難想像這些背後沒有政府的支持和推動。與此同時，郭沫若的詩詞、演講、著述也都大量被出版，其中郭沫若的《在轟炸中來去》影響最大。郭沫若在此記述了他歸國後在轟炸中往來京滬兩地的見聞，上海文藝研究社，1937 年 11 月出版，後由抗戰出版社，1938 年 1 月再版。〔註 14〕無疑，抗戰初期，郭沫若是文化界、政界、軍界炙手可熱的風雲人物之一，在社會的影響力甚至超過共產黨這邊的諸多領導人。

這些傳記包括郭沫若自我的記述，都給我們留下了郭沫若回國後和國民黨政權的密切關係的證明。如金祖同的《郭沫若歸國秘記》和安娜的《我的丈夫郭沫若》。嚴格說來，尤其是從學術研究的角度來考量，這兩部著作有值得質疑的地方，〔註 15〕尤其是後者，曾在當時遭到了郭沫若本人的否認，郭

〔註 11〕參看廖久明的《郁達夫 1936 年底的日本之行與郭沫若歸國關係考》，《現代文學研究叢刊》，2010 年第 2 期；《郭沫若歸國與王芃生所起作用考》，《新文學史料》，2011 年第 3 期。

〔註 12〕蔡震：《文化越境的行旅——郭沫若在日本二十年》，第 340～341 頁。

〔註 13〕李霖：《郭沫若評傳》，現代書局，1932 年；另開明書店，1936 年第 3 版、1937 年第 4 版。

〔註 14〕郭沫若：《在轟炸中來去》，上海文藝研究社，1937 年 11 月，另抗戰出版社，1938 年 1 月再版。

〔註 15〕有關郭沫若旅日以及歸國的情形，以及對於殷塵的著作中不確切的史實的糾

接受記者訪問聲稱「此文繫日人假託」。〔註16〕不過，它們的影響都很大，如佐藤富子（安娜）的《我的丈夫郭沫若》曾在 1937 年《文摘》戰時旬刊第 20 號刊載；後由漢口戰時文化出版社出版，1938 年五月十四日是初版，五月二十七就出了再版〔註17〕；同時上海日新社亦在 1938 年 5 月出版了此書。〔註 18〕雖然這兩書在一些史實上存有誤差，但精神實質和郭沫若自己著的《在轟炸中來去》大致相同，都是高揚郭沫若民族情懷，也都有郭沫若和國民黨良好關係的描述。例如安娜在書中提到了郭沫若在廣東時他們和蔣介石（當時還是師長，原書中如此說）的良好關係，而對於他們流亡日本只是作了簡要的記載，並沒有點明原因，好像只是因爲生活所迫似的。這些有關描述和蔣介石關係的部分，包括此書附載的郭沫若的《歸國日記》對蔣的描述，都爲當時社會各界所公認。

郭沫若、蔣介石以及國民黨的其他和郭曾有交情或歸國後相識的高官，大家彼此都有意無意地淡化曾經的衝突。有關郭和蔣的會面，郭沫若曾親自撰寫，《蔣委員長會見記》、《轟炸中來去》，詳細記述了受蔣委員長接見的全過程。文中多次提到了蔣介石給人溫暖、和藹的感覺，例如文中說道，「滿臉的笑容，眼睛分外的亮」的蔣看到他來，主動迎上打招呼道，「你來了，你的精神比以前更好」，「蔣先生一面和藹地說著，一面和我握手，手是分外的暖和。」郭沫若沒有感受到拘束，也沒有像其他人那樣，從蔣身上看到威嚴，而是「但他對我是格外和藹。北伐時是這樣，十年後的今日第一次見面也依然是這樣。這使我特別感覺著慰適。」郭也感受到了蔣健康的神態，堅定的眼神，「表明著鋼鐵樣的抗戰決心，蔣先生的健康也充分地保證著鋼鐵樣的抗戰持久性。」〔註 19〕這篇文章的發表，也可以看做郭沫若的一種公開表態。多年以後，郭沫若爲此又一次作出了懺悔的表態，「肉麻當有趣的我們不知道

正，參見蔡震：《文化越境的行旅——郭沫若在日本二十年》，文化藝術出版社，2005 年。

〔註16〕見《爲郭夫人的〈我的丈夫郭沫若〉訪問郭沫若先生》，原載《文摘》戰時旬刊，1937 年第 21 號；另見《郭沫若學刊》，1990 年第 4 期的重新刊印。

〔註17〕〔日〕佐藤子著；曉華，重子編：《我的丈夫郭沫若》，漢口戰時文化出版社，1938 年 5 月 14 日初版；另參見 5 月 27 日再版。

〔註18〕〔日〕佐藤子著：《我的丈夫郭沫若》，上海日新社，1938 年 5 月。

〔註19〕郭沫若和蔣會面的情形參見郭沫若：《在轟炸中來去》，上海文藝研究社，1937 年 11 月，第 35～40 頁；另見，抗戰出版社，1938 年 1 月，第 29～37 頁。

喊了多少萬聲的『最高領袖』呀！喊一聲『領袖』立一次正，更不知道立了多少萬次的正呀！今天回憶起來，我不僅該向全國的同胞，向全武漢的市民告罪，就是向自己的喉嚨和兩隻腿也該得告罪的。」〔註 20〕當然，這是多年以後的事情了。據說在當時，郭沫若私下否認說和蔣介石關係好，夏衍等人的回憶錄也是由此認爲郭沫若是按照周恩來的意思，策略性的讓步，好讓國民黨頑固派無話可說。〔註 21〕而後來臺灣的孫陵也印證了此種說法，安娜的文章證實郭沫若曾和蔣介石關係很好，郭沫若私下否認，於是孫陵就把郭沫若的意思寫成文章發表出來，郭沫若又過來責備孫影響關係。〔註 22〕但是這種私下裏立場的表述究竟有多大的可信度始終值得追問，畢竟這種描述都是後來人在兩黨意識形態對立嚴重時的追述。就當時的公開著述和公共形象而言，郭沫若無疑是國民黨體制內非常積極的一位。

而國民黨方面對郭沫若也是非常重視，並給予高度的信任。陳誠曾進言蔣介石道：「周恩來郭沫若等，絕非甘於虛掛名義，坐領乾薪者可比。既約之來，即不能不付予相當之權。周之爲人，實不敢必，但郭沫若則確爲富於情感血性之人。果能示之以誠，待之以禮，必能在鈞座領導之下，爲抗日救國而努力。」〔註 23〕由此可見，郭沫若之所以在抗戰期間受到重要，其主要原因不在共產黨方面的推舉，而在於國民黨方面的看重。

郭沫若和蔣介石及國民黨高官聯繫起來的紐帶除了現實的抗戰，還有歷史的情誼，大革命之間的歷史情誼。在郭沫若的不少著述中，都記載了他和國民黨高官和武將追憶昔日大革命的情形。頻頻在戰場和轟炸中穿梭於國民黨要員之間的郭沫若，似乎又回到了大革命期間，正如郭沫若詩云「將軍主任何輝煌，彷彿當年克武昌」〔註 24〕，郭沫若在向學生演講中也呼籲到：「第二次北伐時期又來了」，我們應該擔當起第二次北伐的任務！把一切的敵人趕

〔註 20〕郭沫若：洪波曲，《郭沫若全集・文學編》第 14 卷，人民文學出版社，1992 年第 1 版。

〔註 21〕參見夏衍的《知公此去無遺恨》中對於郭沫若「吹捧」蔣介石的解釋，《人民文學》，1978 年第 7 期。

〔註 22〕孫陵：《我熟識的三十年代作家》，臺北成文出版社，1980 年 5 月版，第 237 頁。

〔註 23〕陳誠：《函呈委員長蔣爲籌組政治部事敬陳人事運用之所見》，1938 年 1 月 27 日。

〔註 24〕郭沫若爲在武漢時期與陳眞如、黃祺翔、葉挺等四人合影時做題爲《五光圖》詩，見田漢《迎沫若》，丁三編《抗戰中的郭沫若》，戰時出版社，1938 年，第 40 頁。

出境，打到日本帝國主義！」〔註 25〕三民主義的理念宣揚、雙十國慶節的慶祝、孫中山誕辰忌日的紀念、黃花崗烈士的緬懷，這一系列在中華民國史上具有標誌性的事件中，都有郭沫若的身影，都留下了他的筆墨。

在詩歌《人類進化的驛程》中，郭沫若把中華民國的國慶日稱之爲人類進化的重要一天，這一天象徵著我們從落後到文明的進化，象徵著我們從專制政權到民主法治的轉變。「今天是我們中華民族積極前進的象徵／我們已經畫到了二十六個雙十／我們的積極前進只有永遠的增加／我們只要積極奮勉，永遠前進／我們的國族絕不會受異族的憑陵。」〔註 26〕另外在《惰力與革命——爲紀念二十六年國慶而作》一文中，郭沫若強調辛亥革命的「民主政治的革命精神」和日本和僞滿專制惰力的對立。〔註 27〕饒有趣味的是，在建國前郭沫若審定的《羽書集》版本中，不論是 1941 年香港的孟夏版，還是 1945 年的重慶群益版，這篇《惰力與革命》的副標題都是「爲紀念二十六年國慶而作」，在建國後的《沫若文集》同樣收錄了這篇文章，但郭沫若把副標題改爲「爲紀念辛亥革命二十六週年」，這體現出建國後作者明顯的去民國化痕迹。當然這種去民國化的改動都是建國後才展開的，而在抗戰當時，郭沫若和中華民國的關聯則顯然易見。1938 年 3 月 12 日，國父孫中山逝世 13 週年，郭沫若親筆題詞「仰之彌高」，表達對孫中山的崇敬和追思，題詞手迹載 3 月 12 日《新華日報》。1938 年 11 月 12 日，時任第三廳廳長的郭沫若帶領全體第三廳成員舉行孫中山誕辰紀念儀式。1938 年 3 月 29 日，郭沫若爲締造民國而犧牲的黃花崗烈士殉國二十七週年紀念題詞，手迹載廣州《救亡日報》。

抗戰時期郭沫若是對國民黨正面戰場歌頌最用力的一個。上海戰事發生後，郭沫若頻頻穿越火線之間，發表戰地日記和記述，歌頌張發奎、陳誠等國民黨軍官屢敗屢戰的堅韌精神，歌頌廣大國軍將士不畏犧牲的抗敵精神。臺兒莊戰役是國民政府軍隊自抗戰以來最重大的一次勝利，全國軍民聞知莫

〔註 25〕郭沫若：《紀念「一二・九」鬥爭的二週年》，丁三編《抗戰中的郭沫若》，戰時出版社，第 15 頁；另見于立群《一個素描》，《新華日報》，1938 年 1 月 15 日。

〔註 26〕郭沫若：《人類進化的驛程》，《戰聲集》，第 59～64 頁。

〔註 27〕郭沫若：《惰力與革命——爲紀念二十六年國慶而作》，《全面抗戰的認識》，北新書局；另見郭沫若：《羽書集》，香港孟夏出版社，1941 年；《羽書集》重慶群益出版社，1945 年。此文後來收入建國後的《沫若文集》第 11 卷。

不受到鼓舞，臺兒莊戰役也成爲當時報刊熱點，郭沫若對臺兒莊戰役傾盡心力宣傳歌頌，寫下了《魯南勝利之外因》、《紀念臺兒莊》。對自己的同鄉川軍在臺兒莊戰役中的貢獻，郭沫若更是不惜筆墨，《把有限的個體生命融化進無限的民族生命裏去》是對在徐州會戰中陣亡的川軍師長王銘章和陣亡將士最崇高的敬意和讚頌。在我空軍首次取得大捷後，郭沫若更是興奮地寫下了長詩《在天空中寫的壯快詩篇》，這首詩歌讚頌了國軍空軍爲國建功，振奮民心。〔註 28〕與此同時我們還需要注意到，這些歌頌正面戰場的詩文，常常和國民黨官員的抗戰言論同時收錄到各種出版物中。

此外，抗戰時期郭沫若對國民黨政府官方提倡一些文化舉措都曾積極參與。蔣介石和國民政府倡導的新生活運動雖在抗戰之前早已實施，但眞正得到積極倡導的是在抗戰時期，郭沫若很多有關民眾動員和民眾宣傳的文章中，雖然沒有明確指出新生活運動的提法，但很多措施和理念都很新生活運動相吻合。如在《把精神武裝起來》的論文中，郭沫若提出國民精神的武裝化首要就是從日常生活的調整開始，郭沫若所講包括衣服穿著和生活習慣在內的諸多調整實際上是新生活運動的舉措。〔註 29〕1939 年 3 月 19 日，郭沫若在《文化與戰爭》中的論文中明確指出：「文化工作者、尤其是文藝工作者們在『民族之上、國家至上』的號召之下虔誠地集中了起來，把向來和社會游離的生活、玄虛的思索、高蹈的表現，完全改變了；並已化除了向來的門戶之見，而正確地、集體地、踏上了新現實主義的路。」〔註 30〕「民族至上、國家至上」是國民黨政府抗戰時期最重要的口號，最重要的方針和理念。過去我們把推行和宣傳「民族至上、國家至上」的常常批判爲法西斯專制主義，如文化和文學領域中的「戰國策派」就是如此命運。可是我們忽略了抗戰時期郭沫若和戰國策派群體以及其他一些知識分子在內的整個知識分子群體的共同心聲。郭沫若的這篇《文化與戰爭》於 1939 年 3 月 19 日發表在民營性質的《大公報》上，《大公報》在此後 4 月 15 日第二期抗戰第二次宣傳周教

〔註 28〕丁三編：《抗戰中的郭沫若》，戰時出版社，1938 年版，第 85～90 頁。

〔註 29〕郭沫若：《把精神武裝起來》，《文藝與宣傳》，出版社不詳，1938 年，第 29～35 頁；另見丁三編：《抗戰中的郭沫若》，戰時出版社，1938 年，第 90～94 頁；另見郭沫若：《羽書集》，香港孟夏出版社，1941 年，第 118～123 頁。

〔註 30〕郭沫若：《文化與戰爭》，重慶《大公報》，1939 年 3 月 19 日，另錄入郭沫若：《蒲劍集》，文學書店，1942 年，第 191～201 頁，郭沫若：《今昔蒲劍集》，海燕書店，1949 年，第 323～330 頁。

育文化日發表社評《報人宣誓》，「本報是民營事業，不受公家津貼，同人等皆願終日爲報人，不兼公職，不受外給，故本報雖有相當長久之歷史，而始終爲書生之事業」。社評還代表全社同人表決心，「我們誓本國家至上、民族至上之旨」。事實上，這個被稱之爲國民黨法西斯主義體現「國家至上、民族至上、軍事第一、勝利第一」之口號，恰恰是《大公報》首先提出並一直極力倡導的。我們知道，這一口號最早出現在蔣介石 1939 年發表在《大公報》上的《抗戰週年紀念日告全國軍民》一文中，而這篇文告正是《大公報》總編輯張季鸞先生起草的，是他在文告中提出了「國家至上、民族至上、軍事第一、勝利第一」的口號。後來陳布雷添加了「意志集中、力量集中」一句，這 24 字口號就成了國防最高委員頒佈的《國民精神總動員》的綱領。《綱領》在 1939 年 3 月 12 日孫中山逝世 14 週年通電全國宣佈實行，並全文刊載在當天的《大公報》上〔註 31〕。自此，「國家至上、民族至上；軍事第一、勝利第一；意志集中，力量集中」成了響徹全國的重要口號，國民精神總動員運動也轟轟烈烈展開起來。這一口號也被刻在了重慶建築的象徵中華民族精神不倒的「精神堡壘」上，不過，建國後「精神堡壘」被改爲「解放碑」，而這些口號也被悉數抹去，當然這是後話。在當時，很多人從各個方面來闡述這三句口號，在這樣一個大背景下，我們就很容易理解在國民精神總動員運動並合併新生活運動之後不久，在 3 月 19 日郭沫若的論文中明確提出了文化界團結「民族至上、國家至上」的說詞。而在此後也就是 1939 年 4 月 23 日，郭沫若出席重慶市文化界精神總動員會協進會成立大會，與國民黨官員葉楚傖、邵力子等同被推爲主席。

三

最後，從文學的民國機制入手，不是爲了借郭沫若美化國民黨政府的統治，也不僅是爲了還原郭沫若的豐富性，更是要探討「民國機制」和郭沫若民國時期獨立自由思想之間的互動關係。

正如李怡在論及民國機制時所特別提到的，「我們把這種對中國 20 世紀上半葉影響深遠的遺產稱爲『民國機制』，並不是爲民國時期的專制獨裁與黑暗辯護，因爲，民國機制並不屬於那些專制獨裁者，而是根植於近代以來成

〔註 31〕《國民精神總動員綱領》，《大公報》，1939 年 3 月 12 日，另參見《抗戰建國史料》，自強書局、亞東書店，出版年代不詳，第 55～60 頁。

長起來的現代知識分子群體，根植於這一群體對共和國文化環境與國家體制的種種開創和建設，根植於孫中山等民主革命先賢的現代理想……。」〔註32〕同樣，我們談及郭沫若和國民黨政府之間的密切關係，並不是為了借郭沫若來美化國民黨政府的統治，恰恰相反，民國機制正是由包括郭沫若在內的知識分子群體鑄就的，郭沫若始終堅持和秉承著民國共和體制的理想，為此不斷付出自己的努力，並不惜犧牲自己的「政治前途」甚至是生命。

不論是作為大革命時代政治部的高官，還是作為抗戰時期國民政府軍事委員會政治部主管文化宣傳工作的負責人，爭取國家的民主共和體制，爭取個人的獨立和自由，始終是郭沫若不變的追求。郭沫若參加國民革命，投身北伐正是因為這場革命其目的其本質是為了再造民國共和之體制，發表「反蔣」宣言也正出於對共和憲政理想的堅持。在抗日戰爭時期，郭沫若在不少詩文和演講中，都把中日之戰視為是共和機制和日及偽滿專制的對抗，把民族的獨立解放和人的獨立解放始終聯繫在一起。1937 年 12 月 20 日，郭沫若應邀前往廣州無線電臺作播音演講《武裝民眾之必要》。在這篇演講中郭沫若談到，馮玉祥副委員長、陳誠、張發奎將軍都跟他談到一個問題，為什麼抗戰爆發，國軍卻仍不受民眾歡迎，和北伐時老百姓為軍隊熱情服務截然不同。郭沫若指出北伐和抗戰最終的目的都是要為民眾，給民眾獨立和自由。所以，郭沫若給出的解決方案最重要的一條就是，「應該是徹底開放言論出版集會結社的自由。在目前除掉漢奸理論、漢奸集合之外，在救亡的大前提之下，民眾的自由應該充分允許的。」〔註33〕1940 年 1 月 11 日，郭沫若為《新華日報》出版兩週年紀念題詞，「『防民之口，甚於防川』，連話都不讓老百姓說，那是很危險的事。反之，能代表老百姓說話的，那力量比長江大河還要浩大」。〔註 34〕抗戰時期，包括郭沫若在內的廣大知識分子真心擁護國民政府，民族至上、國家至上、一致抗戰，但另一方面，他們也不遺餘力地反對一個政黨、一個主義、一個領袖的集權專制傾向，抗戰時期也是憲政還民呼聲最強烈的時刻。

民國機制的有效性不是體現在郭沫若民國政府密切的聯繫，而是體現在

〔註32〕李怡：《「五四」與現代文學「民國機制」的形成》，《鄭州大學學報》，2009 年第 4 期。

〔註33〕郭沫若：《武裝民眾之必要》，熊琦編：《郭沫若先生最近言論》，離騷出版社，1938 年版，第 45～54 頁。

〔註34〕郭沫若題詞，《新華日報》，1940 年 1 月 11 日。

民國爲郭沫若可以反抗民國提供了一系列的機制保障。對一個作家來說，最重要的機制保障莫過於獨立的思考，自由的言論、寫作和出版。毋庸置疑，在國民黨統治時期，文化獨裁和文化統制的傾向非常明顯，可作家們依據民國憲政理念爲爭取自己思想獨立、言論自由的努力也從未停止過。具體到郭沫若來說，他爭取思想獨立和言論自由的實際舉措，就是創辦屬於自己的雜誌和出版社。早期郭沫若和創造社同人創辦的一系列雜誌和創造社出版部，抗戰時期郭沫若則創辦了群益出版社。有關郭沫若創造社時期辦雜誌、開出版社的論述學界已有很多成果，本書不再贅述，〔註 35〕而對抗戰時期郭沫若作品的發表和出版的考察則稍顯薄弱。抗戰時期以郭沫若的名望來說，他的文章發表在任何地方都不成問題，他的著作也被各家出版商爭搶著出版，甚至盜版印行，其他人編著的抗戰言論的書籍中常常都會收錄郭沫若的作品或打上他的旗號。抗戰時期，郭沫若文章發表最多的地方是《新華日報》，作品出版最多的是他創辦的群益出版社。《新華日報》屬於共產黨在國統區公開發行的報紙，過去我們總是從描述《新華日報》的戰鬥性，如何反對國民黨的文化專制，反對官方的文化審查等等。可是我們換個角度來看，《新華日報》的公開出版，不停地表達自己抗議的權利不正是基於一種民國機制的有效性麼？國民黨在抗戰時期設立中央圖書雜誌審查委員會、新聞檢查局等機構用以新聞出版統制，根據相關檔案資料，國民黨新聞檢查人員的確對《新華日報》很注意，但是他們總害怕影響國共兩黨關係而很少有實際懲處措施，實際上，整個圖書出版審查在抗戰時期都沒有眞正貫徹下去。而有關群益出版社的成立，緣由大概有兩點，一些人回憶說是皖南事變後郭沫若的書不好出版，爲此特成立出版社來擴大左翼文化影響，另有人說主要從經濟原因考慮，成立出版社的初衷是爲了親人有事作，也可有個收入來源〔註 36〕。不管是那種緣由，一個私人可以自由創建一個出版社，來按照自己願望出版作品，甚至是出版些責難政府的作品，這同樣不也說明了民國機制的有效性麼？事實上，民國的出版法律與戰前相比有所放鬆而不是收緊，例如成立出版社已經不再像戰前那樣需要鋪保，任何私人只要登記註冊就可成立出版機構〔註 37〕，正

〔註 35〕有關創造社的出版和文學創作的關係可參考劉納《創造社與泰東書局》，廣西教育出版社，1999 年版。

〔註 36〕有關群益出版社相關回憶和史料參考吉少甫編《郭沫若與群益出版社》，百家出版社，2005 年版。

〔註 37〕詳見《國民政府公佈的修正出版法》（1937 年 7 月 8 日）、《內政部公佈的修正

如郭沫若創辦群益一樣，而這種私人性質的雜誌社或出版社毫無疑問為個人思想的獨立提供了保障，甚至提供了罵政府宣傳左傾的自由，這也就是為什麼有人把群益稱之為「小租界」。〔註38〕而租界之說源自張治中評郭沫若所領導的文化工作委員會，過去我們總是把第三廳的解散、文工會的建立和國民黨的反共關聯起來。而事實上，第三廳的問題恰和最同情共產黨人的張治中改組政治部相關，張治中任職政治部主任後，精簡政治部機構，提高政工效率。的確有人藉此想清除第三廳一些左翼人士，而張治中力主建立新機構文工會，並笑稱為「租界」。〔註39〕

正是由於有這些保護反對聲音的機制存在，也使得郭沫若身上所具有的抗爭精神，不惜一起追求眞理的精神，發揮到了極致。正如郭沫若所說的，「我們只願在眞理的聖壇前低頭」〔註40〕。也正如1938年楊殷夫在《郭沫若傳》的序中所稱讚的：「郭沫若先生是現代中國最偉大的革命詩人，他的偉大處，除了寫《哀希臘》的英國詩人拜倫以外，沒有第二人能夠比擬。」楊在序言的最後用一句詩來概括截止到 47 歲的郭沫若，「拜倫輸百年，魯迅後一人。郭氏實足以當之無愧。」〔註 41〕這句詩也可以概括整個民國時期的郭沫若。

可以這樣說，民國機製成為郭沫若獨立思想、自由言說的保障，並成就了他的反抗精神氣質，反過來，正是有像郭沫若這樣堅守個性、獨立自由的知識分子和民國先賢的存在，中國現代文學的民國機制才得以形成。總之，從文學的民國機制入手，就是要讓民國時期郭沫若歸民國，中華人民共和國時期的郭沫若歸中華人民共和國，並藉此來理解和分析郭沫若的創作。

出版法實行細則》（1937年7月28日）。

〔註38〕吉少甫編：《郭沫若與群益出版社》，百家出版社，2005年版，第48頁。

〔註39〕張治中：《張治中回憶錄》，文史資料出版社，1985年版，第676頁。

〔註40〕郭沫若：《討論注譯運動及其他》，《沫若文集》，人民文學出版社，1959年，第247頁。

〔註41〕楊殷夫：《郭沫若傳》，民眾出版社，1938年1月，序言頁。

玖、民國公館與《家》的思想藝術形態

趙　靜*

摘要：民國時期公館的盛行爲現代文學作家家族小說寫作增添了一抹亮色，構建了一組組公館家族譜系。而正是由於從巴金筆下「公館」這一實際存在的現實資源出發，引入公館外圍城市社會風貌、公館內部家族結構、公館歷史考證等不同側面，才有可能重新挖掘巴金引借高公館來揭示中國家族命運的眞實用意，解構鄉村與城市，府門與公館、個人與群的多重關係，並探究書中以公館、花園、公園所代表的城市家居景觀背後的「人的覺醒」的含義，動態地解密家族走向和現代人的歸宿。

關鍵詞：高公館，新舊交融，空間焦慮，人的覺醒

* 趙靜，女，北京師範大學碩士生。

《家》是巴金《激流三部曲》的其中之一，是一部反映中國家族歷史變遷的經典作品。巴金本人曾談到其寫《家》這部小說目的在於「對封建制度的控訴」〔註 1〕，故而很多研究者也就根據此種說法按圖索驥，將其家族小說中所蘊含的反封建的一面剝落地淋漓盡致，陷入了階級論公式化的窠臼。認爲高公館始終是「古老中國的封建主義文明積澱而成的封建禮教地主階級大家庭的生活景觀」。

眾所周知，民國時期公館風行，很多有權有勢的大人物往往在城市中建造自己的宅邸，並冠以姓氏，統稱爲公館。伴隨著建築群體的落成也逐漸衍生出了一系列「公館政治」、「公館文化」。而在現代文學的經典作品中更是繁衍出了「公館式家族」。李劼人《死水微瀾》中的郝公館，巴金《家》中的高公館、林語堂《京華煙雲》中的曾公館等比比皆是。公館是現代文學中鮮活的家族代表，構成了一組組妙趣橫生的家族群像。在巴金的小說《家》中作者更是著力向我們展示著高公館的具體構造。在小說中公館一詞共被使用了 95 次，小說中有頭有臉的大人物的居住地基本上都是公館，而公館的選址均位於成都市。

誠然，巴金借助高公館批舊立新，但許多學者認爲高公館這一民國新興事物全然是舊貌則過於頗偏。正如在 1942 年第 1 卷第 5 期丁志進發表於《語林》的一篇文章中談到「隨著巴金筆下過渡時代家庭的消失，這樣一個過渡的叛徒也自然消逝了。」〔註 2〕顯然，無論是巴金筆下的眾位人物，還是巴金有意安排下的高公館都是處於過渡時代的特有產物，若是一味選取「階級」立場來考量巴金的《家》則全盤否定了巴金高公館中的新勢力的擡頭，忽略了巴金選擇公館的眞正意圖。因此，巴金的《家》不全是封建制度的控訴書，高公館也不是靜態的沉澱封建文明的地主大家庭，而是過渡時代下城市文明社會情況的家庭折射，是對於「個人——家庭——社會」的三維空間探討。巴金借助高公館重新思考了民國時期家族的新的精神表徵，奏響了新型家庭的樂章。

一

很多學者認定巴金《家》中的高公館爲落後腐敗的象徵，喻示著封建禮

〔註 1〕巴金：《我的家》，作家出版社，2007 年 10 月第 1 版，第 29 頁。

〔註 2〕丁志進：《語林》，1945 年第 1 卷第 5 期。

教束縛下的傳統大家族，故而認爲高公館中的一切均爲凋敝蕭瑟的。雖然在巴金的筆下有些地方所到之處固然有舊派遺風，但是細細觀察，我們不難發現在高公館中新的勢力已經開始逐漸生根發芽。公館中的洋窗帷、洋布質地的衣衫、擺放的掛鐘都暗示著公館的西洋化傾向。縱使是被以往學者誤解的傳統鄉紳高老太爺也並非完全破舊的地主階級的代言人。

作爲高公館姓氏奠基人的高老太爺幾乎是白手起家，靠著幾年爲官的積蓄在成都成就了高公館的落成。從一開始高公館的建立就徹底告別了傳統的農耕經濟的依附，高老太爺也跳脫了「自己不勞動或只有附帶勞動而靠剝削農民爲生」〔註3〕的地主剝削方式，顯然不是我們傳統理解的地主階級。另外高老太爺並非一味陳腐，他會到新興的實業百貨公司去購買日常用品，甚至他在面對公館繼承者大兒子擇業問題上似乎就與眾不同。正如費孝通《鄉土中國》中所談到「西洋家庭團體中夫婦是主軸，子女在這團體中是配角，他們長成了就離開這團體。」〔註4〕在高公館中高老太爺放手兒子獨自外出，闖出一片天下。覺新的父親在外爲官多年，幾乎有了自己的家業，若不是身體病弱，恐怕是不會回到公館之內。三兒子克明雖然是高公館中的二家長，但是依然擁有自己的職業選擇權，還是一名從日本歸來的留學生。自由選擇職業、繼承者離家、遠赴國外留學這都是以往古老中國的封建主義文明積澱所不能染指的。面對著由鄉村向城市的轉移，高老太爺顯然已經從舊式家庭縮影中超脫，具有了新智慧，以此來應對城市中的風雲際會，穩固公館的姓氏。至於他迎娶姨太太、左右公館眾人命運全然是舊式的生活習慣使然。即此，作爲高家掌權人的高老太爺無法視作完全充滿封建思想的地主階級，那麼他背後所代表的家族也無法淪爲封建禮教束縛下的地主階級大家庭的附庸。同此在巴金的描述中這樣一個高高在上的傳統大家長身體卻一日不如一日，身體慢慢孱弱，也讓籠罩在高公館下的家長壓制逐漸減弱。公館中歷經滄桑的舊派紳士家長在巴金的敘述下多顯得無力，最終面對公館巨變也不得不新思想佔據上峰，喻指著公館的歷史與命運。

公館內部，傳統正在沒落，而新的勢力卻在覺醒。進入文本我細細對照公館的具體佈局也不難發現，在巴金的心目中並非是將封建落後家庭文明由

〔註3〕金炳華主編：《馬克思主義哲學大辭典》，上海辭書出版社，2003年，第330頁，具體內容爲：地主階級指佔有土地，自己不勞動或只有附帶勞動，而靠剝削農民爲生的階級。

〔註4〕費孝通：《鄉土中國》，人民出版社，2008年10月第1版，第48頁。

鄉村到城鎮的簡單空間挪移，而是一種當時社會風貌在公館爲代表的高家中的具體演繹。

巴金在小說中並沒有明顯的點明《家》的故事發生時間，但是我們可以通過文中比較大的一些事件來定位。在小說中琴在向其母親要求上男女同校的學堂的時候曾經說過：「著名的北京大學已經收了三個女學生。」我們都知道北京大學在 1920 年 2 月 17 日第一次招收了女學生王蘭，而後便創開先河，以後女學生開始源源不斷地走入北大的課堂。又因爲故事中提到在新年結束後不久四川成都經歷戰爭等不免讓人聯想 1920 年 6 月 10 日（農曆四月二十四）川滇黔戰爭的爆發。通過翻閱歷史材料，兩相對照即可得知故事就是發生於 1920～1922 年之間。而在這一二年間，民國時期的政治、經濟、法律均在各個方面作用於當時的公館生活，公館中的家庭也早已經脫離了傳統的禮教束縛，開始顯示出勃勃的新生機，新的思想和行爲已經開始默默滋長。

首先，城市文明的繁衍進程對公館產生了巨大的影響。由於當時城市空間有限，加之當時城市房地產開發範圍較少，公館往往形成群居式，聚落式聚集。在當時的上海，由於租界得天獨厚的經濟條件、安全係數高等優點很多開發商開始在租界開闢自己的房地產業。而一些有錢的從農村進城的鄉紳爲了維護其生活的體面，往往集中置房買地，置辦公館，大大節省了城市的生存空間，形成獨特的富人區、貴人區，從原有的鄉村威望關係網中脫離，打破了傳統小農經濟下鄉紳人脈網。成都也同此，據考證當年在成都地區也形成了將軍街、仁厚街、金河街等幾處富有特點的公館聚集區。巴金在小說開篇即將高公館的具體位置透露一二，書中覺民、覺慧兄弟二人首先出場，兄弟倆逐一經過不同的公館，「有著黑漆大門的公館靜寂地並排立在寒風裏。兩個永遠沉默的石獅子蹲在門口。門開著，好像一隻怪獸的大口。裏面是一個黑洞，這裡面有什麼東西，誰也望不見。每個公館都經過了相當長的年代，或是更換了幾個姓。每一個公館都有它自己的秘密。大門上的黑漆脫落了，又塗上新的，雖然經過了這些改變，可是它們的秘密依舊不讓外面的人知道。走到了這條街的中段，在一所更大的公館的門前，弟兄兩個站住了」。可見，在巴金筆下高公館是位於一條公館街。顯然，這和我們所瞭解的以往的農村住宿方式有很大的不同。在鄉村，紳士的活動範圍往往會波及整個村落，而由於某家在鄉村中的影響力，往往會形成同姓聚居的場景，甚至發展成爲同姓村。如魯迅小說《祝福》中魯鎮的魯四老爺，幾乎是全村上下唯一有權有勢的大家族，在魯鎮中說一不二，聲望極大。而在小說中高家雖是成都市中赫赫有名的紳士，被普通人視爲北門富家。雖在威懾力上因爲其經濟原因而遠震八方，但是在聲望上卻遠遠不及傳統鄉紳。在書中第三十三章高老爺的五兒子克定因爲在外面混吃豪賭欠下了一大筆債款，他曾向高老太爺哭訴：「他們都是這樣說，我欠的賬爹會替我還的。橫豎我家是北門的首富，有的是用不完的錢。」這樣的舉動不僅讓高家在城中顏面掃地，而且這些討債的人顯然並沒有顧忌高老太爺的聲威。正如許倩如所說在你們那種紳士家庭裏頭，只有吟點詩，行點酒令，打點牌，吵點架，諸如此類的事才是對的。紳士在城市演變中已經成爲不值錢甚至落後的象徵，可以供人任意調笑和諷刺；另外在奴僕雇用上一家雇傭的奴僕脫離了主家還可在另外一家公館找到工作，公館之間交往是複雜並平等的，再無往日一家統領的局面。最後在小說中巴金安排高老太爺死亡，高家上下分家，覺慧出走，家的概念徹底瓦解，分成以戶爲單位的各房僅共同居住，各戶分別享有管理權和財產分配權，如此更是讓農村以宗法爲依託的關係網全面崩盤。可見，巴金有意選取公館很明顯想要傳遞先進的城市居住理念，破除以往農村生活宗法體系的影響。

其次，先進的教育理念開始作用於公館眾人，從以往的家庭私塾教育走入了外出上「洋」學堂的堅實一步。如一所言，一些脫離了鄉村生活的紳士來到城市組建公館，其離鄉背井脫離了長久依存的農耕經濟，不得不另想策略謀求生計。公館式家族不同於以往的農村大宅院，爲了能夠在城市中生存，城市中的公館賦予公館眾人廣闊的眼光和外出上學的機會。爲了在城市權力中掌握一席之地，公館中的兒女們有些往往被送出去讀書，接受先進的教育理念，以便適應城市生活，參與現代政治經濟活動。作爲公館中精英化、出外學習先進知識的代表「大膽而幼稚的叛逆者」覺慧總是叫囂著「將來是紳士？祖父是紳士，父親是紳士，我們就應該是紳士嗎？」〔註5〕接受現代新式教育的覺慧在一定程度上完成了由傳統紳士階層向現代知識者的轉換。他具備現代知識分子應有的獨立生存能力和社會能力，參與到學生活動中，暢談遠大理想。在面對愛情時，由於接受新式教育，覺慧擺脫了傳統舊習的束縛，接受了進步的現代戀愛觀，敢於向不同身份的鳴鳳說愛。同此《家》中覺新

〔註5〕巴金：《家》，人民文學出版社，1953年6月第1版，第17頁。

作為長房長孫早早就出外讀書為的就是能夠開闊眼界最後為家族效力。書中曾談到覺新最愛化學並且學習優異受到多方好評。如此西方先進的科技文明已經植入到公館內部每個人的血液之中，打破了公館中的傳統教育格局。書中高老太爺本來最為屬意其五兒子的家塾式學習方式，感歎他的吟詩作對、富有文采，但是發現其金玉其外敗絮其中的眞相之後，他看到了傳統家庭教育應對社會風雲變幻的嚴重不足，在彌留之際，他告訴覺慧要讀書，好好上學，更進一步說明了現今的外圍西方教育理念對傳統家庭教育的衝擊。巴金設定公館讓公館中開始出現外出讀洋書派，讓原本固若金湯的家庭教育變得搖搖欲墜。公館家庭制度中的教育一環已經悄然發生轉變。

最後，如前文所述，小說發生在 1920～1922 年間，當時民國政府已經初創 9 年左右，許多法律開始深入人心，尤其是在一些大城市已經完全左右了普通人的思維習慣和思想觀念。例如從 1902 年 2 月初，清政府諭令勸止纏足到 1912 年 3 月 13 日孫中山發佈命令通飭全國勸禁纏足。這一法令的實施大大鞏固了女子的權利，並為女子走入社會開闢了道路。如此，法律的運行當然在高公館中也會有所體現。在高公館中全體上下無論小姐還是女僕都未曾裹腳，僅有五老爺的女兒淑貞因其母親的緣故不得已纏了小腳。在這裡三寸金蓮再也不是《紅樓夢》中讚許和授意，《紅樓夢》在尤二姐進賈府覲見老太君的時候，特意提點了老太君的舉動，只見尤二姐掀開裙子，老太君滿意地點了點頭，說道：「倒是個規矩孩子。」顯然，在老太君的眼中纏小腳被認定為講禮數的家庭，而不纏小腳倒是顯得十分粗野。反觀《家》中由於法律的作用已經使得高公館上下的生活習慣發生了天翻地覆的變化。對於淑貞的裹小腳的行為在公館上下大部分都是鄙夷和同情的，覺慧等一眾哥哥姐姐看著淑貞認為是「痛苦生活的象徵」，而淑貞自己也看到了自己的與眾不同並心存憂慮，她知道這個小腳帶給她的痛苦，她甚至想到自己的結局而痛恨自己的母親。既此，社會上法律的推行已經普遍開始潛移默化地影響公館中每個人的日常生活。

故此，巴金刻意不在小說中敘述公館內外的構景，而是在一些生活細節和行為習慣上力透紙背，可見在巴金筆下選擇公館的深刻用意。與其說巴金在描摹傳統的舊派書香門第的生活，倒不如說巴金借公館勾勒城市社會圖景，展現從「農村場域」向「城市場域」的空間過渡中，經濟、文化、法律等在「家族場域」的延展深入，其用一種現代的眼光折射出時代的意義。

二

「公館」一詞古已有之，《禮記》云「公館，君之舍也。」鄭玄注解爲「公所爲，君所作離宮別館也。」在古時公館主要爲官家所建造的屋舍，公之一詞與私館對立。一直到唐宋時期，公館依然是諸侯或者公家的館舍。唐朝邊塞詩人高適《睢陽酬別暢大判官》詩曰：「清晝下公館，尺書忽相邀。留歡惜別離，畢景駐行鑣。」即是代指黎明時分入住仕宦官家舍館。隨著商品經濟地不斷發展，商人階層和市民階層的擴大，很多有錢的商人也入住到公館內，公館開始發展成爲私人住宅。到了明清時期，公館一詞也隨著引申爲官僚或者富人的住宅。而我們現在所理解的公館主要特指民國時期。民國時期的公館是完全私人化建築，公館不再是作爲公家諸侯王的府邸存在，而是可以作爲私有財產，供有權勢或者富庶之人享用。當時公館的分佈範圍主要聚集在北京、上海、天津、成都、重慶、哈爾濱等城市內部，是城市化進程中土地產權轉移和土地利用方式轉變的特殊產物。隨著民國時城市開發的腳步不斷深入，對於城市住宅的管理權也發生了變化。「舊有的土地形態出現分解，並由此演化出新的土地關係與經營方式。」〔註6〕「永租制」和「道契制」的實施，讓土地產權開始向租賃制過渡，爲鄉紳向富庶商人、城市紳士轉變提供制度保證。傳統庭院式廣大的佔地面積和較爲複雜的規矩顯然已經不適應城市的生活節奏，庭院式內宅開始向獨立式私人樓房建築轉變。然而，商品經濟和城市化的進程並不足以撼動較爲頑固的傳統大家族觀念，一些新入城的鄉村紳士雖然在一定程度上適應了城市化住宅的安排，但是仍然擺脫不掉舊有的生活模式。故此，公館作爲這個過渡時代下人們的居住之所就應運而生了。作爲向獨立樓房建築轉化的公館，在很大程度上既保有傳統家族依靠庭院聚合共同生活的性質，也融入了西方複雜式單體建築的風格。

公館是民國時期城市文明的象徵，有的公館是在原有的大戶人家的房屋基礎上改造而成。例如著名的思南公館就是從早年的「葉家宅東」、「小田肚」十年磨一劍發展壯大的〔註7〕；有的則是由於很多由農村進城的大戶人家爲了保有以往生活的原貌，並且積極追趕城市文明的腳步，故此在原有的家居環境的基礎上增添了許多西洋筆墨，轉而形成帶有城市莊園性質的景觀。總體

〔註6〕馬學強：《從傳統到近代——江南城鎮土地產權制度研究》，上海社會科學院出版社，2005年版，第171頁。

〔註7〕錢軍，馬學強：《閱讀思南公館》，上海人民出版社，2012年版。

概括，當時大多數公館基本上有三點共通之處：其一公館下所屬土地並非供公館主人永久所有，其有一定使用和擁有期限，故此很多公館在不同時期均有不同的姓氏。像古時皇權繼承一般，姓氏的延續代表家族的榮光。一座公館可以來來去去迎接很多主人，冠以好多姓氏，深藏無數家族的秘密，另外在一個公館內部甚至可以出現不同姓氏的人共同居住的情況；其二，當時公館中居住的人爲銀行家、實業家、會計師、工程師、教授、律師、醫生等〔註 8〕，是社會新興職業者的代表；其三，公館內部的組織關係較爲零散，除卻以往的倫理牽絆更多演變成爲一種經濟關係。即此，公館背後所代表的公館文化就是過渡時期下家族由傳統向現代的轉換歷程。

建築是軀體，文化是靈魂。小說《家》中的高公館就無逃脫公館文化的預設。《家》中的高公館明顯不同於《紅樓夢》中位於古代城市中賈府的文化意義。

第一，賈家在曹雪芹的筆下一貫以家族爵位承襲制度，「子承父業」的關係濃厚。在《紅樓夢》中賈赦和賈敬分別作爲繼承者承襲了家業，並且由於賈赦長房長孫的身份還沿襲了爵位。賈家上下幾朝爲官，一家老少全靠這種蔭襲制度過活，並未創辦他業。而在《家》中的高公館幾乎成了新興職業者的天下。除了高老太爺年邁辭官之後賦閒回家辦置家產，其餘人都幾乎不再繼承父業改爲另立門派。覺新的父親作爲長房，雖然也外出爲官，但是除了做官之外還擁有一些實業公司的股份，三兒子克明在外操辦起律師事務所；小輩兒裏面覺新工作在實業公司的事務所辦公室，覺民、覺慧均在外讀書。顯然，高公館中的眾人已經開始由原來的爵位繼承向商業化、職業化邁進。眾所周知，由於西方文明的引入，在 20 世紀初的中國流行創辦實業，士農工商的階層劃分已經不復存在，很多人都在城市商業經濟的浪潮之下另謀出路。同樣生活在城市中，依靠農耕經濟的賈府依然靠收取地租生活，將土地作爲原材料產生新的資本，而高公館已經走向了多重渠道經營的模式；再次，由於賈府作爲賈姓族人的象徵依然是他們的固有資產不容動搖，可以沿襲多代。賈家在書中已經延續數代，從賈演開始一直到賈蘭，賈家佔據的土地都是他們的家產數代相傳，即使面對抄家充公，賈家依然可以在翻身之後重新被歸還自己的家宅；但是由於民國時期的土地租賃制度，高公館的土地並非能夠供高家永久所有，高家坐擁公館卻無法完全統領足下的土地，故而他們

〔註 8〕錢軍，馬學強：《閱讀思南公館》，上海人民出版社，2012 年版，第 7 頁。

若是不妥善經營，家業中斷之後，高公館的姓氏也會旁落。

第二，《家》中的公館一改賈府主客分明的居住方式開闢了一種新型的共享居住方法。在賈府中林黛玉作為賈家的親戚，與賈府眾人親緣深厚，她作為賈老太太的外孫女、賈敬、賈赦的外甥女在賈府初來乍到，只因其並非賈姓族人，尚要步步小心，處處謹慎，全然寄人籬下看人眼色行事的慘淡光景，更非說別的旁支遠親。賈府上下主客涇渭分明，等級觀念明顯。對照《家》中的琴的住所張公館。巴金在此借劍雲的口述讓我們瞭解到此處公館居住著三個不同的姓氏，雖然有親戚關係，但是三個人均是公館的主人，共享公館居住權，一家無法干涉另外兩家的私人生活。其實這樣的例子在民國時期數見不鮮。在上海很多公館幾乎都是被很多人共同享有的，甚至在一些公館會因為土地有限，將一座高層公館一分為二，不同的樓層居住不同的人。可見，由傳統庭院式宅院向多層樓房轉變的公館已經開始從大家庭分割成小家庭，複雜的關係網也開始逐漸明晰和簡單化。

第三，公館其實是一個比較鬆散的家族組織。「在中國，家作為私法意義上的存在的同時，還是公法意義上的存在，即亦是通過國家權力掌握人民的單位。」〔註 9〕在傳統的賈府生活中私地位明顯高於公法，公法僅僅是作為承載家族戶籍制度的功用。由於私法盛行，一個家族的生存法則明顯拘泥於有限的空間之內。賈府內的各方眾人掙得的資產幾乎都要上交家族管理者，眾人靠著每月家中掌權人分配的各房銀兩維持生計。而高公館中各房各戶幾乎都有自己的生存之道，覺新一房早在其父親在世時已經累積了自己的財產。在高公館中每房都有自己的積蓄而這些幾乎都不用充公。除了高老太爺留下的家庭共有財產，每個人都有自己獨立的經濟能力，在此「個別的」以「己」為中心的關係網絡被擴大。〔註 10〕因此高老太爺喪失了在自己家中控制一方的經濟霸權，緊靠自己家長威儀和那些家庭共同財產的誘惑維繫著眾人。故而，賈家是從外圍分家開始集體崩盤，而高公館則是在高老太爺死後立刻實行分家，覺慧離走，整個家族被輕易拆散，傳統道德力撐下的最後些許宗法觀念被徹底消解，私法在某種意義上已經名存實亡。而另一方面在《家》的發生年代 20 年代初期，《中華民國臨時約法》明文規定：「私人財產受民國保

〔註 9〕〔日〕滋賀秀三著，張建國，李力譯：《中國家族法原理》，法律出版社，第 40 頁，參見仁井田陞：《支那身份法史》，第 325 頁。「一戶一戶的長稱作家長」。

〔註 10〕費孝通：《鄉土中國》，人民出版社，2008 年 10 月第 1 版，第 29 頁。

護，人民之家宅非依法律不得侵入或搜索。」〔註 11〕高老太爺辛辛苦苦維繫下來的家業也算作其個人合法私人財產，受到國家和法律的認可，公法固定了公館整體存在的合理性。同時，在兩書中均出現了「老子打兒子」的場面。寶玉挨打因爲其與琪官交好並爲其築房，惹得忠順王府上門找人，讓家族難堪。而高公館中上演的一幕則頗具戲劇性。高老太爺面對讓家族蒙羞，外人笑話的覺民逃婚事件的處理態度幾乎只是罵與訓斥，覺慧最終都沒有在壓力下說出覺民的下落，「我不說！在我們家裏總不會有人拷打我〔註 12〕。」而高老太爺也無可奈何，但是卻拿鞭子抽起了在外另設公館養姨太太，欠下賭債的五兒子。正如書中展示，五兒子整天在家游手好閒，無所事事，僅靠家中經濟扶持，故而在經濟上老太爺有處置他的權力；另外他撼動了老太爺在公館中權力的根基，私自擅用家庭公共財產。〔註 13〕對高老太爺僅存的權力進行挑戰，故此要受到老太爺的鞭打。可見，高公館家庭內部空間已形成以高老太爺爲代表的類似現代的法人組織，高公館中的有經濟實力的家屬均有一定獨立的權利能力和行爲能力。

誠如斯言，我們不能將高公館與所謂的封建地主大家庭有效對接，高公館明顯不等同於以往的封建鄉紳大家庭和古代城市府門生活。在巴金獨特用意之下隱約透露出後期《憩園》中的公館家族底色，在留戀和羈絆中展現了一幅民國初期社會巨變下公館盛衰的世俗畫面，開闢了小說的歷史縱向。

三

公館不僅彰顯著由鄉村向城市過渡的現代社會圖景，更象徵著過渡時代帶有懦弱性柔弱的現代新興知識分子。在《家》中以覺新三兄弟和克明爲代表。他們接受的現代教育理念和知識賦予他們新生的力量，而傳統浸潤下的思維模式又多次將他拉回現實，就如同公館遭遇變故，克明企圖用現代法律緩解駐軍的鐵蹄踐踏，可是面對煙花之地的妓女入住他的法律卻顯得蒼白無力，他想要動諸於武力，又忌憚於自己的紳士身份，一面「衛道」，一面「講法」即可作爲新舊交織之下的公館的精神象徵。可以說，新式教育理念和傳統家族思維模式之間的矛盾是造成這些揭示公館精神的現代知識分子面對家

〔註 11〕民國元年三月十一日公佈，具體内容爲：「私人財產受民國保護，人民之家宅非依法律不得侵入或搜索。」

〔註 12〕巴金：《家》，人民文學出版社，1953 年 6 月第 1 版，第 157 頁。

〔註 13〕《大清例律》，北京：法律出版社，1999 年版，第 26 頁。

族生活無可奈何的原因，在他們的身上新舊兩股勢力在不斷糾結纏繞，呈現了公館生活中人性的複雜狀態，表現了過渡時期知識分子的精神風貌。

誠如所知，公館所容納的新舊交替過程中的大家族在 40 年代逐漸沒落，1949 年之後公館更是成爲了歷史的記憶。事實上，在 30 年代中後期由於戰亂和社會思想風潮的影響，大家族的公館生活已開始成爲歷史影像，其在兩重打壓下土崩瓦解。公館中居住的往往不再是整個家族的人，而是各門各戶單獨居住。城市中分佈著大大小小的新派家庭，或者以個人爲單位的單體複式建築公館，一批批知識分子在離家後提出了自己對於現代家庭的構想。胡適認爲現代家庭內部的親子關係應該爲無恩式：「至於我的兒子將來怎樣待我，那是他自己的事，我絕不期望他報答我的恩，我已宣言無恩與他」，〔註 14〕明顯在家庭構建中具有了個人本位的意識，「我是我自己的，他們誰也沒有干涉我的權利！」魯迅也曾在《我們現在怎樣做父親》中提倡「革命革到老子身上」「作這篇文章的本義在於研究怎樣改革家庭。」〔註 15〕對於現代化的家庭的設想，這些精英知識分子從自我出發組建一個新型親子關係的家庭。反觀巴金筆下的同時代的高公館則呈現的是另一番光景。父父子子，血緣親疏，子要承恩，要爲家庭犧牲自我。因此披著公館外衣的舊式家庭顯然無力承載城市現代化進程，公館象徵的文化在現代文明的推演過程中找不到出路，建立新式家庭，探求新的家庭精神迫在眉睫。

首先，公館中存在的新力量根本無濟於事，新的精神並未呼之欲出。公館象徵的精神力量秉承著實現眞正的人的「進化的渴望」，但是卻始終無法割捨與公館代表家族之間的「血緣關係」。進化的渴望與傳統觀念水火交融，使得他們鬱結於心，矛盾踟躕。作爲公館的精神實施者，覺新妥協，覺民離家又歸家，覺慧整天愁悶悲憤，最後只能灰頭土臉地個人逃走。巴金借高公館中的三兄弟的命運結局讓我們對生活的公館有了重新的審視。公館所代表的新舊交融的文化含義通過三兄弟的不同選擇道出了眞諦。公館的存在不會因爲覺慧的離走而驟然解體，「家必須是綿續的，不因個人的長成而分裂，不因個人的死亡而結束。」〔註 16〕他有其固定的時代過程，但公館本身卻早已日

〔註 14〕胡適：《關於「我的兒子」的通信》，《父父子子》，人民文學出版社，1990 年，第 20 頁。

〔註 15〕魯迅，署名唐俟：《新青年》，1919 年第 6 期第 6 卷，題爲《我們現在怎樣做父親？》。

〔註 16〕費孝通：《鄉土中國》，人民出版社，2008 年 10 月第 1 版，第 47 頁。

薄西山。

其次，雖然在成書當時社會上已經頒佈了相關的處理解決家庭問題的《親屬法》和《繼承法》，但是實際法律的推行效果在公館中卻並無起色。就像是巴金讓《家》中的克明在高公館之外辦起高克明律師事務所，解決別人的家庭糾葛，卻在面對自己公館中的問題的時候捉襟見肘，處處碰壁。高公館中高老太爺的去世意味著權力的轟塌，而整個家族迫切需要找另外一個雙重認定的權力高點，可是無論是覺新還是克明都無法當此大任。按照既定法律傳統分家也就迫在眉睫。在這場風波之後，權與法的較量明顯是法佔據了上峰。可是以家本位爲主體的法律規定並沒有從實質上解決任何實際問題，甚至反而讓例如琴母親等諸人無法獲取應得利益，可見單純依靠法律手段介入家庭糾紛存在固定難處。其一，中國家族在歷史的演變進程中具有內部潤化作用，家族制度傳統往往和相關法律條文重合，甚至在某些方面形成雙重保障；其二，在家族中法律的使用範圍往往在外延，而眞正掌控家族的卻是家族中的執權者。從這兩點考慮，縱使是新興的法律出臺，對於推動家族內部徹底翻新幾乎於事無補。新興的以個人獨立爲依託的人本位的法律或者觀念根本無法撼動整個家族的威儀。而在家族內部即使家族中權力暫時旁落，一個家長倒下，還會有無數成千上萬的子女繼任成爲家長，等著坐上家族的頭把交椅。《紅樓夢》第二回中曾經說過賈家：「如今雖說不似先年那樣興盛，較之平常仕宦人家，到底氣象不同。」〔註 17〕傳統意義上的公館依然有其存在的生存空間，「大家庭制度的存在有它的經濟的和社會的背景」，因此公館想要內部誕生出新的精神標誌依靠法制存在困難。

最後，公館中家庭的內核無法釜底抽薪大刀闊斧進行改革。公館中允許出外接受新式教育的畢竟僅占少數，而這些少數群體中又有些屈服於現實，做起了「無抵抗主義」，所以留下改革的人也就微乎其微。大家族傳承下來的舊式生活方式和傳統家庭教育理念深刻作用著生活在公館中的其他人，根本無法也不可能去撼動維繫他們生存的基石。在傳統家族機制中因爲其內部成員接受的家庭教育的理念早已固化成一個家族的局部，〔註 18〕故而這些普遍接受新思想和新型教育的出走者只有白手起家，狼狽不堪地離開原始的

〔註 17〕曹雪芹：《紅樓夢》，哈爾濱出版社，2004 年 9 月第 1 版，第 16 頁。

〔註 18〕李潤強：《中國傳統家庭形態及家庭教育》，人民出版社，2008 年 9 月第 1 版，第 264 頁。

家庭，親手創立新家庭，其歷史走向在於由「群體家庭」向「個體家庭」過渡〔註 19〕。這些出走的精英們而後創造的新家庭是巴金在《家》一書中留下的希望。

可見，與其說巴金在描寫封建制度大家族，倒不如說巴金在剖白民國城市文明腳步下的家庭景觀；與其說巴金的目的在於攻擊封建制度傳統舊式家庭，倒不如說巴金在重新思考家的意義，尋求新型家庭的精神。顯然，公館並未孕育出新型的家庭精神，在面對社會變革，公館是傳統大家族做出的臨時反映和屈就之意。而在時代車輪碾壓下，公館想要繼續維護傳統大家族的生存模式保持其生存空間的合理性明顯力不從心。實際上，巴金用激情的筆調敘述著公館中每個人面對時代流變的時間焦慮，他們矛盾焦躁，他們複雜糾結。

可以說，《家》中刻畫的富貴無雙的高公館，在新時代中雖然逐漸走向崩潰沒落。面對著現代城市新興家庭的崛起和個人意志的萌芽，以高公館爲代表的公館式過渡家族早已失去了往日的榮耀和翻新的能力。叫嚷著「寂寞，難堪的寂寞」〔註 20〕的眞正的現代人離開公館之後面對建立的新家庭而誕生的「空間焦慮」又再次提出了一個新的問題——「你是從哪裏來的呢？」「你到哪裏去？」〔註 21〕離開公館後構建新家庭的精神是什麼？家庭中單個獨立體的現代人又將如何？值得深思。小說中對高公館生活的場景式展現，蘊含了作者巴金對於傳統大家族的矛盾心理以及對逃出公館建立新家庭後獨立的現代人何去何從的二次思考。

四

民國時期很多知識者對於人的歸宿都有自己的一番考量，魯迅的立人思想曾經表露過:「掊物質而張靈明，任個人而排眾數」。〔註 22〕巴金曾經在 1931 年寫的《家》自序中針對到底是走的人多了而成了路還是有了路才有多人走的問題作出一番探討。在書寫中巴金用一句疑問的感歎句作結，既表現彼此

〔註 19〕徐揚傑：《中國家族制度史》，武漢大學出版社，2012 年 2 月第 1 版，第 2 頁。

〔註 20〕巴金：《家》，人民文學出版社，1953 年 6 月第 1 版，第 277 頁。

〔註 21〕魯迅：《過客》，《語絲》，1925 年第 17 期。

〔註 22〕陳漱渝，蕭振鳴主編，《編年體魯迅著作全集・壹（1898～1922）》，福建教育出版社，2006 年，第 80 頁。

差異，又耐人尋味地提出自己的觀點。巴金還年輕，他要看看這條路把他載到什麼地方去。其實巴金將一切的答案早已經鎔鑄到小說中，在《家》中巴金從覺慧等人的不同活動區域表明了自己的心迹，悠悠之筆下構想了獨具特色的三個地點，分別爲公館、花園、公園，構成了現代社會城市生活的三處景致。在巴金的巧妙安排下，三處景觀分別被賦予了不同的功用，預示著現代人生活的三條線索，體現了知識者在不同階段的不同的人生感受，抽繹出巴金高公館中「人的覺醒」的眞正含義。

巴金特意將小說題目取名爲《家》，家之一字，《說文解字》將其本義作居解，如《史記．平原君列傳》中「樓臨民家」很明顯代指居住場所。在這裡，作者將高家生活的空間固定在公館之內。民國時期，公館蔚然成風。很多當時社會上身份顯赫的人士均會選擇公館來作爲自己在城市的居住之所。在當時，公館除了提供基本的家族住宿之外，更是由於其建造者豐厚的資產，形成住宅加花園的佈局結構，公館自然成了民國時期城市生活的靚麗風景。在巴金小說《家》中就仿造當時流行的公館構造塑造了一個巴金理想中的高公館。誠如巴金所言，他在寫高公館時公館住宅區幾乎都是搬照其家的佈局設計入文的，只是「花園是出於自己的編造和想像」。〔註23〕除此之外，不同於公館中私家花園的靜謐，民國時期又一新興事物公園開始流行。中國古來公園主要指代官府的園子，而後隨著西方文明的傳入，很多城市開始在市政規劃中設計建造公園，來供不同階層的人免費或低價遊玩。自1905年無錫出現第一座現代意義上的「公花園」開始，公園逐漸在民國時期的的城市市政規劃中站穩腳跟，成爲了另外一處能夠享樂逍遙、舒放身心、暢談集會的場所。公園也就和公館中隨處可見的私家園林以及公館住宅本身形成三個不同的城市景觀。公館、公園成了很多文人集會或者筆端勾勒的獨特景象。自此，公館、公館中的花園和公園在共生對比中推廣了「想像作爲權利符號的都市空間的新方式。」〔註24〕

小說中的主人公之一的覺慧的活動空間主要有圍繞著這三處景觀展開。對於覺慧而言，房屋接壤的居住區作爲公館的依託顯然是他眼中的腐朽黑暗之所，充滿了明爭暗鬥，尤其是在他慢慢長大下人的居所也不願藏匿之後，

〔註23〕巴金：《我的家》，作家出版社，2007年10月第1版，第24頁。

〔註24〕陳平原、王德威：《北京：都市想像與文化記憶》，北京大學出版社，2005年5月第1版，第410頁。

公館的後花園則成了覺慧、覺民甚至覺新的私密空間。花園承載了他們對於青春的暢想，對於新生的展望。此花園在文中多次出現：覺民、覺慧每次遇到不快的時候的躲避之所往往是這個花園，花園成了他們心靈僻靜的棲息之所；覺新和梅表姐的愛情也萌發於此，梅花是他們愛情的證詞，這座花園承載他們的青春和幸福；當戰亂災禍籠罩在整個公館的上方，任何人都可能喪命的時候，這座花園又成了他們的救命稻草，「他們進了花園躲避，似乎走入了另一個世界。」〔註 25〕花園帶給高家人太多的優惠，他給予了覺慧冷靜和沉思的力量，給予了覺新短暫的幸福時光和麻痺自己的憑藉，甚至承擔了一個大家子逃離避難的索求。這個花園是依附於公館這個整體的，而縱使是覺慧爲了躲避公館內部的紛爭來到花園，其個人依然處於公館之中，暫時的釋放讓這個時段的覺慧認識不到公館所象徵的家權的籠罩。在書的後半部分，隨著鳴鳳在花園中跳湖慘案發生，覺慧撞見倩兒在花園對婉兒和鳴鳳祭奠之後，甚至在全家爲躲災禍偏安於花園一隅，而後卻若無其事打起了麻將的情景再現，更是讓覺慧認清了自己所處的家園的現實。偌大的園子不再是他選擇躲避和休息的場所，現實的激發讓他認清楚不能在窩縮在一處看似浮華怡然的環境中，他要走出去，走向更廣闊的世界去。此時的公館空間已無力承擔他逐漸滋長的成爲一個眞正的人的思想，即使是花園也包容不下，消解不了已經迎向新生活，跳脫以往以家族爲己任的家本位思想的覺慧。他的活動範圍開始擴大，從私家園子走入公園。書中的少城公園和家中的園子似乎是相似的，有著花花草草，亭臺樓閣，但是實質卻是不同的。公園是開放的，公園是嬉鬧的，但是這種喧囂卻是一種新的開始。覺慧和同學們在公園的茶棚相聚，「一二十個青年圍坐在幾張桌子旁邊熱烈地討論各種社會問題」〔註 26〕，他們高談闊論，他們指點江山。在這裡公園代替了私園的功能，讓覺慧看到了離家後能夠歸屬的地方，公園讓他找到另外一種新的可能，外圍世界賦予了覺慧尋求人本位的機會。他開始喜歡去公園，並且愛上了這沒有血緣關係和經濟關係牽絆的公園集會。此時公館空間對於漸漸壯大起來的新思想的承載力容量不足，覺慧開始對出走後人的心靈歸宿心嚮往之並有了構想。

其一，巴金想借現代城市三圖景傳遞一種自然人性論，表達現代人由人

〔註 25〕巴金：《家》，人民文學出版社，1953 年 6 月第 1 版，第 179 頁。
〔註 26〕巴金：《家》，人民文學出版社，1953 年 6 月第 1 版，第 215～216 頁。

倫向自然靠近的渴求。此處的自然是巴金開闢的另一層新的生存空間，是人覺醒中的自然情趣的回歸。中國人過早地成熟，從出生的一刻起就被各種人倫綱常羈絆，領略人情世故。小說中的覺慧顧念親情不敢向琴表達愛意，在看到倩兒對婉兒和鳴鳳的祭奠之後發出感慨：「法國青年在你們這樣的年紀是不懂得悲哀的。然而他，一個中國青年，在這樣輕的年紀就已經被悲哀壓倒了。」〔註 27〕在公館中的權力爭奪中，大哥覺新是最好的例子，他丟掉了青春，投入到無頭緒紛繁的家族事務中無法自拔。花園的花花草草讓覺慧看似找回安寧卻仍然不是長久之策。直到公園的出現，讓覺慧煥發了少年英氣，抒發了心中鬱結。他拋棄一切倫常道德束縛，將喜怒哀樂、所思所想全部潑灑在公園的茶棚集會之中，他敢說、敢幹、敢想、敢鬧再也不用在乎別人的眼光。在此巴金寄希望於人類的重新淨化，從忍耐走向求樂，達到「知識的理性」和「自然情感的衝動」的結合。

其二，巴金在三層空間中暗喻五四時期知識分子在進化「人」的過程中自由與樊籠的博弈。在「人」的哲學的思辨中，物質的本質是「延長」，而精神的本質是「自由」，公館是對於物質的延長，而公園則是對於精神自由的追求。古人蓋房子爲了尋求遮風擋雨之所，而伴隨著房屋的落成家庭的進駐，隨之產生了一系列家規等卻構成了樊籠。過度追求安全感最終導致了生活失去自由。公館象徵著折翼的自由，而花園則將個人意志在短暫的時間和空間領域內滋長，但這種具有時效性的時空限制，讓個人意識到自身局限性，從而獲得了所謂的有限自由；走入公園，參加集會，群體項活動將時間和空間無限延伸，進而擴大了個人自由的範圍。巴金賦予公園精神的象徵，讓覺慧從公館走向公園，開闢一個新的世界，建立一個沒有血緣關係羈絆依然可以得以聯繫的新的家庭，完成自己對於現代人空間困惑的解答，傳達現代人進化中追尋自由的願景。

其三，people-human-people。巴金用現代社會三景浸透了他的立人思想。People 代指以往公館眾人，而 human 代表著個人，第二個 people 則指代社會眾人。小說中覺慧一開始生活在高公館這個家庭眾人中，是屬於血緣維繫下的畸形群居；而後他選擇躲入花園則是想要尋找獨立個體，花園中除了自己只剩下植物和水域等無行爲能力的物質，自己的私願可以在這裡得以傾訴和膨脹，借喻著個性的釋放；最後歸入公園，他走入了社會群體之中，保有個

〔註 27〕巴金：《家》，人民文學出版社，1953 年 6 月第 1 版，第 282 頁。

性的同時建立獨立而又合併的集體。此處巴金梳理了五四以來知識分子作爲一名現代意義上的人的進化過程，從家族中逃脫，最後卻仍自覺自願地「將人的個體附屬、服從，以至消融於以「國家」形態表現出來的「群體（類）之中。」〔註28〕凸顯了五四時期人的個體意識與人類、世界、宇宙意識。

綜上所述，巴金刻畫高公館並不只是個人反抗私欲的泄憤，也不是簡單的個人主義思潮湧現，而是更多體現其對於處於中國特殊歷史時段下公館式家族的現實關懷和道路指引。他細膩地描摹高公館全貌，從公館生活中汲取材料和例證，兼收並蓄，適當發揮，用現代反思的視角展開對家族生活和時代融合的觀察和對家族情結的尋覓，揭示在歷史規律下公館變遷，解答公館生活的時間焦慮、空間困惑和進化渴望，展現在過渡時代下的家族命運的跌宕起伏和自己對現世生存空間的再度思索。由對封建禮教家長制弊害造成的愛情與家族悲劇的批判走向對時代命運下家族人生選擇的包容，著眼於家族內部與時代映像下家族走向探究和現代人命運出路的開掘，叩問生命的本質。

結　語

通過對於民國歷史的回溯，對於在民國時期繁盛一時的公館的研究，我們不難發現巴金選取公館的眞實用意，也讓我們對民國時期有著公館情結的家族的生存模式管中窺豹。其實不僅是巴金，在現代文學很多作品中均出現公館這一意象，公館成爲了民國時期特定的「家」的構想。張愛玲作品中陰暗潮濕、冷風習習的白公館和林語堂《京華煙雲》中看似一派祥和的曾公館都成爲了我們進入其文學作品重新詮釋文本的新的切入點。

通過對於民國公館的再次挖掘考證，使我們撥開了公館名稱掩埋下的家族秘密，探究出當時民國時期家族內部的眞正生存法則和親子關係，也通過梳理民國時期的家族發展，從一個時間段來看待家在中國整個歷史發展進程中的獨特意義。

〔註28〕錢理群：《試論五四時期人的覺醒》，《文學評論》，1989年第03期。

拾、民國大學視野中的經典作家
——以青島時期的老舍爲例

周海波*

摘要：1934 年 9 月，老舍應聘到國立山東大學任教，在青島生活、工作了三年的時間，這三年的生活和工作在老舍的人生道路上具有重要的意義，他對中國傳統文化的認同，對創作風格的確認，都在這時期實現了一次飛躍，並完成了從一名大學教授向職業作家的轉型。國立山東大學與作家老舍的關係，成爲民國大學文化一道風景，爲職業作家與大學文化的內在聯繫提供了一種新的可能性。

關鍵詞：老舍，大學文化，文學創作，職業作家

* 周海波，文學博士，青島大學文學院教授。

關於現代大學文化與中國現代文學關係的研究，學界已取得了豐碩成果〔註1〕，大學校園爲現代文學的發生發展奠定的文化環境，作家依附大學的生存環境所從事的創作生活，取得的文學成就，都已經得到人們的普遍認同。這裡所要討論的，是想通過老舍在國立山東大學時期的工作、創作，考察民國大學文化與作家創作關係的多種可能性。

民國時期，老舍主要在齊魯大學和國立山東大學工作過。客觀地說，老舍並不是那種特別適合於任教於大學，他的大學生涯更多的是迫於生存壓力的現實選擇，大學教師的身份並不能眞正實現他的人生價值，也不能實現他的人生理想。從他的性格、個人愛好等方面來看，老舍更喜歡職業作家的生活。正是這樣，歸國不久的老舍在大學教授和職業作家兩者之間猶豫彷徨，在反覆選擇中尋找自己的位置。

1934 年 9 月，老舍接受了國立山東大學的聘書，任中文系講師，並於 9 月初來到青島，居萊蕪路，半年後搬到金口二路，年底又移居黃縣路，這就是現在的駱駝祥子博物館，進校一年後被聘爲教授。1937 年抗日戰爭爆發後，老捨離開青島赴濟南，重新受聘齊魯大學。老舍在青島的居住、工作的三年時間裏，除 1934 年 9 月因朋友白滌洲去世和 1936 年到北京大學演講而回北京外，基本沒離開過青島。隨後，老舍因創作長篇小說《駱駝祥子》而辭去山東大學的職務，成爲一名職業作家，完成了他人生的成功轉型。

一、職業選擇：在大學與職業作家之間

來青島之前，老舍曾從濟南到上海，探求他的未來生活之路，「我老早就想放棄教書匠的生活，……試試職業寫家的味兒」〔註2〕。他在《〈櫻海集〉序》中也說：「我在去年七月中辭去齊大的教職，八月跑到上海。我不是去逛，而是想看看，能不能不再教書而專以寫作掙飯吃。我早就想不再教書。在上海住了十幾天，我心中涼下去，雖然天氣是那麼熱。」「我早就想不再教

〔註1〕諸如沈衛威的《「學衡派」譜系》（江西教育出版社，2007 年版）、黃延復的《二三十年代清華校園文化》（廣西師範大學出版社，2000 年版）、姚丹的《西南聯大歷史情境中的文學活動》（廣西師範大學出版社，2000 年版）、王培元的《抗戰時期的延安魯藝》（廣西師範大學出版社，1999 年版）、顏浩的《北京的輿論環境與文人團體：1920～1928》（北京大學出版社，2008 年版）等，對大學教育與現代文學的關係進行了多方面深入的研究。

〔註2〕老舍：《我怎樣寫〈牛天賜傳〉》，曾廣燦、吳懷斌編：《老舍研究資料》（上），北京：北京十月文藝出版社，1985 年版，第 559 頁。

書」，道出了老舍眞實的想法。儘管大學的工作環境、生活環境都是値得人家豔羨的，但這裡卻不是老舍的理想之地。上個世紀 30 年代的齊魯大學雖然無法與北京大學、清華大學等相比，卻也是國內一流大學了。與此同時，老舍的演說能力、授課水平也都無可置疑，成爲大學著名教授只是時間問題。但是，老舍並不太願意在大學裏以教書爲生，或者說，無論是齊魯大學，還是此後的山東大學，都只是老舍謀生的暫時的棲身之地，成爲專業作家，這對老舍來說是個巨大的誘惑。上海，是中國現代的文化大本營，無論是現代傳媒，還是大學教育，在中國都具有舉足輕重的甚至是龍頭地位，老舍到上海謀求發展，應該是情理之中的事情。但是，上海也並不是他的理想之地。他需要在作家夢和生存現實之間進行必要的調整之後，才會做出最後的決擇。

在老舍看來。已經具有豐富的創作經驗並探尋了多種生活的路之後，能夠自由地寫作，並且以寫作爲生，是一個很不錯的選擇。所以，老舍儘管已經接受了山東大學的聘請，仍然決定到上海看看。但老舍在上海逗留的十多天，並沒有尋找到做職業作家的路子。雖然三十年代的上海仍然是中國文化的大本營，而對老舍來說，上海是陌生的，他並不能適應上海的文化環境，他很難眞正溶進上海的文學世界之中。他可以在上海的報刊上發表作品，但卻不能作爲作家生活在上海。這種矛盾的心理與人生選擇爲老舍應聘山東大學打下了基礎。老舍到青島雖然不是做專業作家，卻讓他在專業作家的道路上走出了重要的一步。

爲什麼同樣是現代化的城市，老舍能夠在青島暫時停下自己的腳步？也許，上海是做職業作家的最佳城市，上海的出版業是現代中國最爲發達的，報紙期刊和圖書出版都領先國內其他城市。潘光旦在上海創辦的《華年》、林語堂創辦的《論語》和《人間世》等都與老舍有密切的關係。而在上海的商務印書館、現代書局等出版社也都出版過老舍的作品。可以說，從老舍與上海的關係上說，上海足可以支撐其進行專業創作的發展。但是，老捨卻不能在上海尋找到職業作家的立足之地。出生在北京的老舍對上海的感受並不是太好的，「雙城記」中的文化差異使老舍無法眞正尋找到自己喜歡的事業。同時，由於戰爭以及整個出版業的蕭條，上海的出版業受到巨大打擊，老舍本人也受到很大牽連。就在 1932 年，老舍苦心創作的長篇小說《大明湖》，交付商務印書館後因日軍轟炸閘北而遭焚。這讓他認識「專仗著寫東西吃不上飯」〔註3〕，也讓他感受到大熱天內心的涼。

1934 年 9 月，老舍就職於國立山東大學中文系，是老舍比較穩定的一段時間，擁有較好的生活條件。老舍工作、生活在青島，更是一種文化精神上的認同。國立山東大學的前身是國立青島大學。國立青島大學建校於 1930 年，但這所大學僅僅存在了兩年的時間，就因種種問題而停辦。在此基礎上成立的國立山東大學延續了青島大學的辦學條件和辦學思路。同樣，在這座城市中的大學似乎與這座城市存在著某些隔膜，不僅那些大學教授們與城市處於陌生的狀態，而且學校與城市也沒有眞正融爲一體。因此，老舍到青島任教，對國立山東大學並無太多的實在的感受，也對青島這座城市沒有太多的印象，老舍處在現代城市青島，但他卻感受了山東人的精神，認識了齊魯文化的博大與深刻。他在《青島與山大》中說：「不管青島是怎樣西洋化的都市，它到底是在山東。『山東』二字滿可以作樸儉靜肅的象徵，所以山大——雖然學生不都是山東人——不但是個北方大學，而且是北方大學中最帶『山東』精神的一個，我們常到嶗山雲玩，可是我們的眼卻望著泰山，彷彿是這個精神使我們樸素，使我們吃苦，使我們靜默。」〔註4〕所謂「山東」二字，就是一種「山東精神」，好客、熱情、講究禮儀、勤勞吃苦，都被認爲是山東人的精神特徵。而這些山東的品格及精神，與老舍思想世界中的某些方面非常契合，初入青島的老舍，通過青島的生活進一步認識了山東人的精神，認識了齊魯文化在北方的象徵意義。而這些「山東人」的精神特徵與老舍的思想意識、價值觀念非常一致，在此種程度上形成了一種文化認同。我們在老舍寫於濟南、青島暑期的幾篇作品，如《柳家大院》、《黑白李》、《上任》、《犧牲》、《柳屯的》等，看到了老舍著意表現出的齊魯文化在民族文化傳統中的地位和現實呈現，也看到了「山東人」作爲一個地緣概念的文化呈現。

山東人的講義氣、好客的傳統在老捨身上表現得非常充分。在青島，由於特定的環境，集結了一批文學界的好友。洪深、王統照、臧克家、吳伯簫、丁山、王亞平等都曾先後在青島工作過，老舍與這些文壇俊傑都曾有過一些交往。1935 年暑期，老舍與洪深、臧克家、王亞平等一起，創辦了一個短期

〔註 3〕老舍：《〈櫻海集〉序》，《趕集·櫻海集·蛤藻集》，長江文藝出版社，2012 年版，第 125 頁。

〔註 4〕老舍：《青島與山大》，劉宜慶編：《名人筆下的青島》，青島出版社，2008 年版，第 87 頁。

文藝刊物《避暑錄話》，以文會友。洪深在爲刊物撰寫的《發刊詞》中說，「他們這十二個人，作風不同，情調不同，見解不同，立場不同；共說話的方式，更是不同」，但是，「他們都是愛好文藝的人；他們都能看清，文藝是和政治，法律，宗教等，同樣是人類自己創造了以增地人類幸福的工具」，而且，這些擡愛文藝的同人們，在避暑勝地青島創辦這樣一個刊物，保持了應有的「避暑」的態度。所謂「避暑」也就是幾個志趣相投的朋友能夠聚集在一起，說一些自己想說的話，做一些自己想做的事，「晚風吹霧濕膠州，群島微茫孤客愁！」〔註5〕這正可以看作是老舍及其文朋詩友的內心呈現。

老舍是應聘而來，但他仍然爲專業作家做準備。1934 年，老舍在創作的道路上已經走過了十個年頭，已經是一個有相當創作成就的作家。但是，他一直在作家與教授兩者之間徘徊。老舍也許覺得自己並不是那種能夠勝任大學教授角色的人，他的修養，他的能力都足以使他成爲一個出色的教授，但他的性情與愛好使他並沒有把大學教授作爲長久之計，而更多的是作爲謀生的手段。所以，老舍與梁實秋、楊振聲、胡適等人不同，他並沒有爲繼續做教授做更多的準備，而似乎以更多的時間和精力爲專業作家進行準備。

這一時期，老舍進一步嘗試不同文體的創作，除繼續寫作短篇小說外，還嘗試寫作小品散文、長篇小說等。出版了短篇小說集《櫻海集》、《蛤藻集》，分別在《益世報》、《國聞周報》、《論語》、《宇宙風》、《文學》等報刊連載作品。與此同時，他還與王統照等人創辦《避暑錄話》，在上面發表了小說《丁》，散文《西紅柿》、《避暑》、《檀香扇》、《立秋後》等一批作品。所有這些創作和活動，都已經爲他的專業創作打下了堅實的基礎。

山東大學的教職並不是老舍的最佳選擇，而有可能只是他的權宜之計。職業作家才是他的理想，一旦有合適的機會，他還會回到職業作家的道路上來。從這個意義上說，國立山東大學是老舍轉向職業作家的一個短暫的停留，只要有合適的機會，他還會轉向職業作家。這樣的機會很快就出現了，1936 年老舍打算創作長篇小說《駱駝祥子》是促成他轉向職業作家的很好的契機，一方面，他可以有理由向山東大學告假，專心進行創作，另一方面，他通過創作這部小說而獲得了職業作家的自信心，找到了可以依託的寫作方式。「在戰前，當我一面教書一面寫作的時候，每年必利用暑假年假寫出十幾萬字，當我辭去教職而專心創作的時候風一年（只有一年是這樣的作職業的

〔註5〕老舍：《詩三律》，《避暑錄話》第 10 期，1935 年 10 月 15 日。

寫家）可以寫三十萬字。」〔註 6〕

當然，1936 年老舍辭去山東大學的職位，表面上是爲了專心創作，但也表現出更深層的一些想法，他不願意過多涉足當時山東大學日益激烈、複雜的矛盾，能夠超然於學校的事務，有更輕鬆的心情專注於文學創作。

二、文化反差：「在青島」「想北平」的情感歸屬

老舍在國立山東大學創作的兩篇散文是非常值得關注的。一篇是發表於 1937 年 6 月 16 日出版的《宇宙風》第 43 期的《五月的青島》，另一篇也是客居青島時寫的《想北平》。在老舍的創作生活中，這兩篇文章並不是特別突出的，但卻從某些方面表現出老舍這一時期的文化態度和情感世界。

老舍在《五月的青島》中寫了青島的櫻花，寫了青島的海，也寫了隨著花草都復活了的市民們，但是，比起他筆下的北平，缺少那種情感上的認同，缺少文化上的厚重，也沒有那種讓人深入其中的氛圍。

《五月的青島》對青島城市美的描寫足可以與任何有關青島的文字相媲美：「五月的島上，到處花香，一清早便聽見賣花聲。公園裏自然無須說了，小蝴蝶花與桂竹香們都在綠草地上用它們的嬌豔的顏色結成十字，或繡成兒團；那短短的綠樹籬上也開著一層白花，似綠枝上掛了一層春雪。就是路上兩旁的人家也少不得有些花草：圍牆既矮，藤蘿往往順著牆把花穗兒懸在院外，散出一街的香氣：那雙櫻，丁香，都能在牆外看到，雙櫻的明豔與丁香的素麗，眞是足以使人眼明神爽。五月的島上，到處花香，一清早便聽見賣花聲。公園裏自然無須說了，小蝴蝶花與桂竹香們都在綠草地上用它們的嬌豔的顏色結成十字，或繡成兒團；那短短的綠樹籬上也開著一層白花，似綠枝上掛了一層春雪。就是路上兩旁的人家也少不得有些花草：圍牆既矮，藤蘿往往順著牆把花穗兒懸在院外，散出一街的香氣：那雙櫻，丁香，都能在牆外看到，雙櫻的明豔與丁香的素麗，眞是足以使人眼明神爽。」老舍對青島的表現已經足夠形象並到位了，他甚至不惜使用最華美的、具有色彩的詞彙表現青島。老舍看到的不僅僅是國立山東大學優美、幽靜的校園，而且也看到了校園外喧囂、浮華的生活。不過，這些描寫也許只是老舍對青島的表層認識，並沒有眞正深入到城市的內在的精神世界。或者說，當老舍更多的

〔註 6〕老舍：《三年寫作自述》，曾廣燦、吳懷斌編：《老舍研究資料》（上），北京：北京十月文藝出版社，1985 年版，第 572 頁。

把青島作爲「山東」來認識時，並不能眞正把握其精神特徵。青島是一座現代城市，也是一座移民城市，鄉土文化與西洋文化融合一起，形成了青島特有的土洋混雜、傳統與現代同在的複雜性，表面上的洋氣和骨子裏的土氣形成了城市居民的狹隘性，因而，青島既沒有老北京的傳統，那種根深蒂固的文化精神，也沒有上海的現代，那種新興城市的時尚與潮流。這種夾縫中的心態恰恰拒絕了傳統也拒絕了現代，表現出不可避免的封閉性。生長在北京，也曾在英國工作過的老舍，既能夠接受傳統，也能容納現代，但他卻並不能眞正融入既中又西、既土又洋或者不中不西、不土不洋的青島，爲此，老舍感到痛苦，產生了在青島、想北平的情感。

《想北平》有關對北平的描寫沒有像《五月的青島》那樣使用寫優美的詞彙，那種樸實的語言恰恰表現了老舍對北京的熱愛和深厚的感情，因爲寫他情感世界中的北平是不用選擇華麗的詞彙的，「我眞愛北平。這個愛幾乎是要說而說不出的」，這是一種最眞實的最生動的感情，「我所愛的北平不是枝枝節節的一些什麼，而是整個兒與我的心靈相黏合的一段歷史，一大塊地方，多少風景名勝，從雨後什刹海的蜻蜓一直到我夢裏的玉泉山的塔影，都積湊到一塊，每一小的事件中有個我，我的每一思念中有個北平，這只有說不出而已。」北平是大都市，是中國文化傳統的呈現者、承載者，城市的整體結構、建築格局、環境氣氛、生活情趣等方面，都保留著中國文化特有的精神，能夠留人的情感，留往文化的根。這都是身在異鄉而心在北平的老舍無法割捨的東西。

兩篇文章寫作時間相距不遠，恰好反映了老捨此時的情感特徵。寫青島是眼睛看到的，寫北平是內心想的。看到的有點陌生，想的則是深情的。正是對青島的陌生感和想北平的情感對比，強烈刺激了老舍的創作欲望，在創作的想像中回歸北平。在這裡，並不是說老舍對青島有什麼成見，或者不適應這裡的生活環境，而是指他在文化歸屬感上更傾向於京城北平。但是，他又不願意完全回到北平，對現代又有那麼點嚮往，這就構成了老舍思想情感以及小說中現代與傳統的矛盾與協調。

出生在京城，接受了滿漢傳統文化薰陶又接受了英國文化教育的老舍，來到現代化城市青島，內心缺少了應有的歸屬感，缺少了必要的文化之根，需要一種補償。也可以說，他對現代化的城市缺少應有的生活和情感上的體驗，他看到了青島的美，尤其是青島的自然環境，也看到了青島作爲現代城市的特徵，但這些都無法取代北平在他心中的地位。

考察中國現代文學的發展歷史，一方面，作家們通過自己的創作試圖追求社會的現代化，努力於一個想像中的「新中國」、「新社會」的建設，另一方面則在文學創作中對現代文明的進行無情批判。與同時代的沈從文、施蟄存等作家不同，老舍創作中的批判鋒芒並沒有特定的指向，他既有對京城文化的批判，也有對現代文化的批判。沈從文對現代文明的批判，對湘西自然、健康、優美生活方式的追求，讓他確立了反啓蒙的文化角色，施蟄存等海派作家通過對現代城市文明的批判，讓自己站在了現代主義作家的立場上。而老舍與這兩種文化思想都有一定的距離。

老舍對傳統文化的批判是在與西方現代文化的比較視野中的，而他對現代文明的批判則又是建立在對京城傳統文明的留戀與情感認同上。因此，他往往把現代文明的問題落腳到人的道德判斷上。在他看來，現代文明使人墮落了，人的墮落又促成了社會向前發展過程中的變異。社會的發展在某種意義上就是倒退，人性的淪喪、道德的缺失比社會的文明發展帶來的東西更爲可怕。寫於青島的《櫻海集》、《蛤藻集》中的大多數作品，是在現代與傳統的對比中，批判人性中的陰暗、狹隘的一面。《上任》中的尤老二上任稽查長後，替李司令查辦「反動派」，他自己也試圖顯示威風，並借機得到一些利益，但他萬萬沒有想到的是，這位剛剛上任的稽查長卻受到那些老油子稽查們的算計，也受到被稽查員叫來的土匪流氓的算計，在這些比他更地痞流氓的人面前，他沒了主意，沒了精神，或者說，「主意有哇，用不上！身份是有哇，用不上！」最後，他「拿不了匪，倒叫匪給拿了」，賠了錢財，也丟了官帽。尤老二身上有著那些稽查、土匪一樣的根性，他想以惡治惡，卻被惡治了，如果說《上任》是對地方守舊勢力的批判，那麼《犧牲》則是現代文明的寫照。作品中的留美博士一身洋裝，滿口洋話，「他上過美國，自覺他爲中國當個國民是非常冤屈的事」，他心中除了美國，只有上海，在他眼裏，中國太髒，不文明。但他骨子裏卻是自私、狹隘的。尤其談到錢與女人的事，「他把中國固有的夫爲妻綱與美國的資產階級聯合到一塊」，他想找個女人結婚，但又覺得「結婚是一種犧牲」。在兩種文化夾縫中生存著的洋博士無法尋找到自己的位置，最後在瘋人院度過自己餘生。

老舍的文化思考並沒有停留在對傳統文化和現代文明的簡單評價上，而是將文化置於更深刻的層面上進行思考。處於青島這樣的傳統與現代結合部，他更能感受到人生以及文化變異的無可奈何。如果將老舍這個時期的兩部小說集作爲一個整體來看，在現代文明與傳統文化的衝突中，寫出了人的無奈與無常。《陽光》、《老字號》、《斷魂槍》、《新時代的舊悲劇》等作品所表現的是在現代文明強烈衝擊下，某些東西正在不以人的意志爲轉移地消失了，人性中的善良、傳統中的武藝以及那些令人懷念的老字號，都在漸漸消失，英雄無用武之地，價值缺失，這是很無奈的事情，是你不想承認但必須要面對的事情。從這一方面看，老舍承繼了魯迅對人性、人的生存與生命的思考，從實踐層面上豐富了中國式的荒誕哲學。

三、文體轉型：創作風格的調整與定位

應當說，老舍在來到青島之前，就已經形成了自己穩定的創作風格，從《老張的哲學》、《二馬》到《離婚》等作品，京味小說的風格已經與老舍完美融爲一體。不過，需要進一步研究的是，一個作家的創作風格在不同時期、不同環境中，總會出現不同程度的調整。1934 年以後老舍在青島的經歷，同樣使他面臨著一些藝術上的調整。新的環境，新的工作，都對他的創作產生一些影響，制約著他的創作。用他自己在《〈櫻海集〉序》中的話說：「在風格上有一些變動，從這十篇裏可以顯明的看到；這個變動與心情是一致的。」變動的是哪些，他在青島的心情又是如何的？這是需要做出回答的。

關於青島時期創作的變化，老舍本人曾經做過解釋：「這裡的幽默成分，與以前的作品相較，少得多了。笑是不能勉強的。文字上呢，也顯著老實了一些，細膩了一些。這些變動是好是壞，我不知道，不過確是有了變動。這些變動是這半年多的生活給予作品的一些顏色，是好是壞，還是那句——我不知道。有人愛黑，有人愛白；不過我的顏色是由我與我的環境而決定的。」〔註 7〕幽默少了，那麼多出來的是什麼？是更加深沉的人生思考，對於人的生存，對於社會的發展，對於由此而帶來的文化變異的思考。恰恰是山東大學的職位使老舍產生了對生存境遇的深刻思考，重新梳理自己的人生態度，也重新定位寫作與生活的關係。這種思考加深了老舍作品深刻的凝重感，也必然會帶來風格上的調整和變化。《月牙兒》、《陽光》、《新時代的舊悲劇》等作品可以看作這方面的代表作品。《月牙兒》的藝術價值及其在老舍創作中的意

〔註 7〕老舍：《〈櫻海集〉序》，《趕集・櫻海集・蛤藻集》，長江文藝出版社，2012 年版，第 126 頁。

義，已被人們進行了多方面的闡釋，那種悲涼、抑鬱的風格，將人物內心的絕望和社會的黑暗充分展示於讀者的面前。《陽光》甚至可以看作《月牙兒》的姊妹篇，是老舍這一時期非常值得關注的作品之一。他筆下的人主公「我」從小生活條件優越，她自幼就曉得自己的嬌貴與美麗，自幼就比別的小孩精明，「不但我是在陽光中，而且我自居是個明豔光暖的小太陽，我自己發著光」。無論是家庭還是在學校裏，她都受到保護與嬌慣，陽光灑滿她所到之處。在特定的溫床上，養成了她自尊自大而又自輕自賤的性格特徵，也形成了她無法擺脫的生存環境，「我好像被圈在個夾縫牆裏了，沒法兒轉身」。她有努力尋找光明與自由、愛與幸福的想法和做法，但她最後不僅失去了應有的身份，也失去了自由，沒有得到愛和幸福。就像月牙兒一樣，她同樣是個悲情的人物，「太陽不會再照著我了」，這也許就是在不公平的社會裏一個弱女子的必然結果，也是性格與命運對人所開的悲涼的玩笑。

老舍是以幽默著稱的，他早期的作品中的冷幽默帶著鮮明的老舍印記，《從老張的哲學》到《離婚》，已經形成了比較穩定的成熟的以幽默爲主的創作風格。但是，爲什麼到 30 年代的青島時期他的風格會明顯發生變化，甚至有意離開幽默而追求創作的另一種風格？我們在《上任》、《犧牲》、《末一塊錢》、《老年的浪漫》等作品，甚至《月牙兒》、《陽光》這樣的作品中，都可以看到老舍式幽默不可遏制地流出來，對人物的調侃、諷刺，以及那種荒誕式的敘述，都可能帶來某種幽默的藝術效果，但是，老舍這時期的作品的整體風格顯然已經移向了悲情敘事。人生的無可奈何、世事無常，讓老舍在創作中增添了諸多荒誕性的因素，甚至帶有某種存在主義的思想特徵。《斷魂槍》開篇就說：「生命是鬧著玩，事事顯出如此，從前我這麼想過，現在我懂得了。」時代在發展，世界在變化，沙子龍的鏢局不得不改成客棧。這是一個巨大的諷刺。武藝非凡、身懷絕技的沙子龍，創造了無敵的「五虎斷魂槍」。但是，現在不能夠靠這些武藝吃飯了，「這條槍與這套槍不會替他增光顯勝了」，他只有夜間把小院的門關好，過一把癮，熟習熟習他的斷魂槍。他的徒弟們想讓他出山，替他吹捧揚名，孫老者也有一身武藝，想跟沙子龍學習五虎斷魂槍，都讓他拒絕了，決心「不傳」這無敵功夫。對於沙子龍來說，他的武藝再高，也不能與時代抗衡，因爲「走鏢已沒有飯吃，而國術還沒有被革命黨與教育家提倡起來」，這個時代的夾縫中的人們，不再有當年的威風，只能感受到現實的涼滑。

在一個沒有悲劇而只有荒誕的時代，悲劇沒了，幽默也沒了。人們更多爲了生存而活著。在《我怎樣寫短篇小說》中，老舍曾說過他「在寫長篇之前並沒有寫短篇的經驗」，「短篇小說是後起的文藝，最需要技巧，它差不多是仗著技巧而成爲獨立的一個體裁」〔註 8〕。老舍以創作長篇小說而眞正走上文學之路，現在則試圖通過短篇小說創作改變一下自己的路數。這時期的短篇作品有些是根據長篇的材料寫成的，有些則是眞實的短篇故事，這種寫作習慣的變化同樣會影響到風格的變化。不能不注意到老舍所說的優秀的創作需要「時間和飯」。所謂「時間」是指作家應當有時間和故事中的人物與事件培養出感情來，成爲熟悉的朋友。所謂「飯」是指一個作家創作所需要的物質條件。青島時期的老舍不能不考慮職業與吃飯的問題，他原來熟悉的生活，熟悉的人物已經在長篇中表現過了，而新的生活和人物還不熟悉，他要應對多門大學課程，備課、上課、講座等，因而，留給他的寫作時間並不充分。1936 年之後，當他準備或者成爲職業作家時，他的時間開始允許創作長篇，並著手寫作幾個代表性的長篇作品。可以說，以短篇小說彌補生活上的不足，甚至把長篇的材料分拆成短篇成爲這時期老舍創作的主要方式。正是這種寫作方式的變化帶來風格上的某些變化。

從老舍在青島的作品來看，延續了此前創作的題材領域，除少數幾篇與濟南、青島有關外，大多取材於北京。正是如此，老舍仍然保持了他的一貫的創作路數，京腔京韻的敘事方式，帶有強烈批判鋒芒的語言，那些樸素無華和具有生活實感的故事，成就了老舍這一時期創作的風格。這些熟悉的題材和語言當然是他創作的必備，也是創作路數的延續。無論怎樣變化，老舍還是老舍。

1937 年 8 月，老舍再次來到濟南。戰爭的環境再次改變了他的生活道路，也改變了他的創作方式和風格，青島時期的老舍生活也隨之結束。

〔註 8〕老舍：《我怎樣寫短篇小說》，曾廣燦、吳懷斌編：《老舍研究資料》（上），北京：北京十月文藝出版社，1985 年版，第 551～552 頁。